本文イラスト　平林 美玲

装　丁　菊池 ゆかり

ポストの数ほどのコミュニティカフェを

「さくら茶屋《ちゃや》にしば」（横浜市金沢区西柴《にししば》／以下、さくら茶屋）は2020年5月に10周年を迎えた。「誰もが気楽に集まれる場所があったらいいな」という素人の主婦たちの思いつきから、2010年5月にシャッター化が進んでいた商店街の空き店舗にコミュニティカフェをオープンさせ、その3年後に同じ商店街にもう一軒「さくらカフェ」を開いて、街のにぎわいをつくり出してきた。

運営に関わるスタッフは（運営に従事するボランティアをスタッフと呼んでいる）、設立時の10人から、現在は80人を超え、「楽しむが一番」を合い言葉に活動に参加している。開店当初は、「いつでも、誰でも、自由に気軽に来られる居場所」の必要性を感じての挑戦だったが、この10年間にさくら茶屋は街にさまざまな変化を起こしてきた。

○ひきこもりがちな高齢者がさくら茶屋に出かけることで、笑顔が増えてきた
○高齢になっても新しいお友達ができたと喜ぶお客さま
○さくら茶屋で活動していると、皆さんから「若いね」と褒《ほ》められてうれしいと言うスタッフ
○「げんきライフ（さくら茶屋の介護予防事業）に通ううちに、介護度が軽くなりました」と報告に来た高齢者
○多世代交流の場に参加して、久々に子どもたちとお話できたと喜ぶひとり住まいのお客さま
○商店街への人出が増えてきてうれしい、と話す商店のおじさん
○子育てに悩む若いママが、居場所（さくらカフェ）で交流できて自信ができたなど、スタッフも利用する方も、皆さんからさまざまな喜びの声が届く。コミュニティカフェは「人も街も元気にする」力があることを改めて実感している。

この思いを多くの皆さんに届けたい。日本中に「ポストの数ほどのコミュニティカフェ」ができればたくさんの笑顔が増えていくだろう、そんな思いから私たちの経験を本にまとめて出版しようと計画した。

その最中に「新型コロナウイルス感染症（ＣＯＶＩＤ‐19）問題」が起こった。未《いま》だかつてないほどの深刻な事態。瞬く間に世界中を席捲《せっけん》し、発症して一年余りで感染者は９５３９万人を超え、２０３万人を超える死者を出した（米ジョンズ・ホプキンス大学の集計サイトによる、日本時間２０２１年1月19日5時）。日本においても２０２０年4月7日に「緊急事態宣言」が発令され、数ヵ月にわたり「3密（密集・密接・密閉）」禁止、「ステイホーム（在宅での自粛生活）」が要請された。学校は一斉休校となり、図書館や地区センターなどの公共施設は閉鎖。商店街も繁華街も休業を余儀《よぎ》なくされた。手洗い、消毒、マスクの着用、ソーシャルディスタンスなど、「新しい生活様式」（厚生労働省）が求められた。

この間、急速にインターネット通信がひろがり、リモート会議、リモート飲み会、さらにはリモート結婚式などというものも出はじめている。しかし、コミュニティづくりがインターネット通信だけで本当にできるのだろうか。さくら茶屋では、緊急事態宣言を受けて、お店を5月いっぱい休業せざるをえなかった。いろんな方の顔が浮かんできて、ひとり暮らしの高齢の方などに、時々、電話をかけてお話をした。

「さくら茶屋がお休みになって本当に寂しい。誰も話す人がいないのよ」「私の生活の中で、さくら茶屋がどんなに大きな比重を占めていたかわかったの、いつからやってくれるのかしら」「さくら茶屋に行くという目当てがあってよかったの。今は歩かないから足も弱ってしまって」と。

電話でも「支えあい活動」は十分成り立つのだ。でもそれは、これまでのつながり、コミュニティがあったからこそできている。


緊急事態宣言の解除を受けて、6月1日からお弁当とお惣菜のテイクアウトをはじめた。「待っていたわ」「助かるわ」と言ってご近所のお客さまが買いにきて、お弁当は毎日完売となっている。消毒に手洗い、マスク、一度にお店に入れるのは3人までと人数制限をしての営業である。お店の中でのランチの提供は、10月以降、人数をごく少数に減らしてようやく再開した。

ウィズコロナ、ポストコロナ……それにとどまらず今後はどんな「異常事態」が身の回りに起きるか予測はできない社会となっている。だからこそ、人と人とをつなぎ、信頼や安心をもたらすことのできる「コミュニティカフェ」の存在意義は大きく、価値がある活動だと感じている。

私たちの願いは、どんな街にも「ポストの数ほどのコミュニティカフェ」ができることだ。お店などを営んだことがない地域の「普通のおばさんたち」でも、力を合わせれば、これはできる。どの地域にも、その人にしかできない能力を持った人はいっぱいいるし、みんなの力を出し合えば必ずできる。それが私たちの経験から伝えたいことだ。

この本には、住民同士のつながりづくりのノウハウがいっぱい詰まっている。全国に「つながる居場所」があったらいいなと思っている皆さん、地域の課題に直面している自治体の方々などにぜひ読んでいただき、地域を元気にしていただきたい。この本が皆さんへの「エール」となれば幸いである。

２０２１年１月　岡本　溢子《いつこ》

（ＮＰＯ法人さくら茶屋にししば理事長）

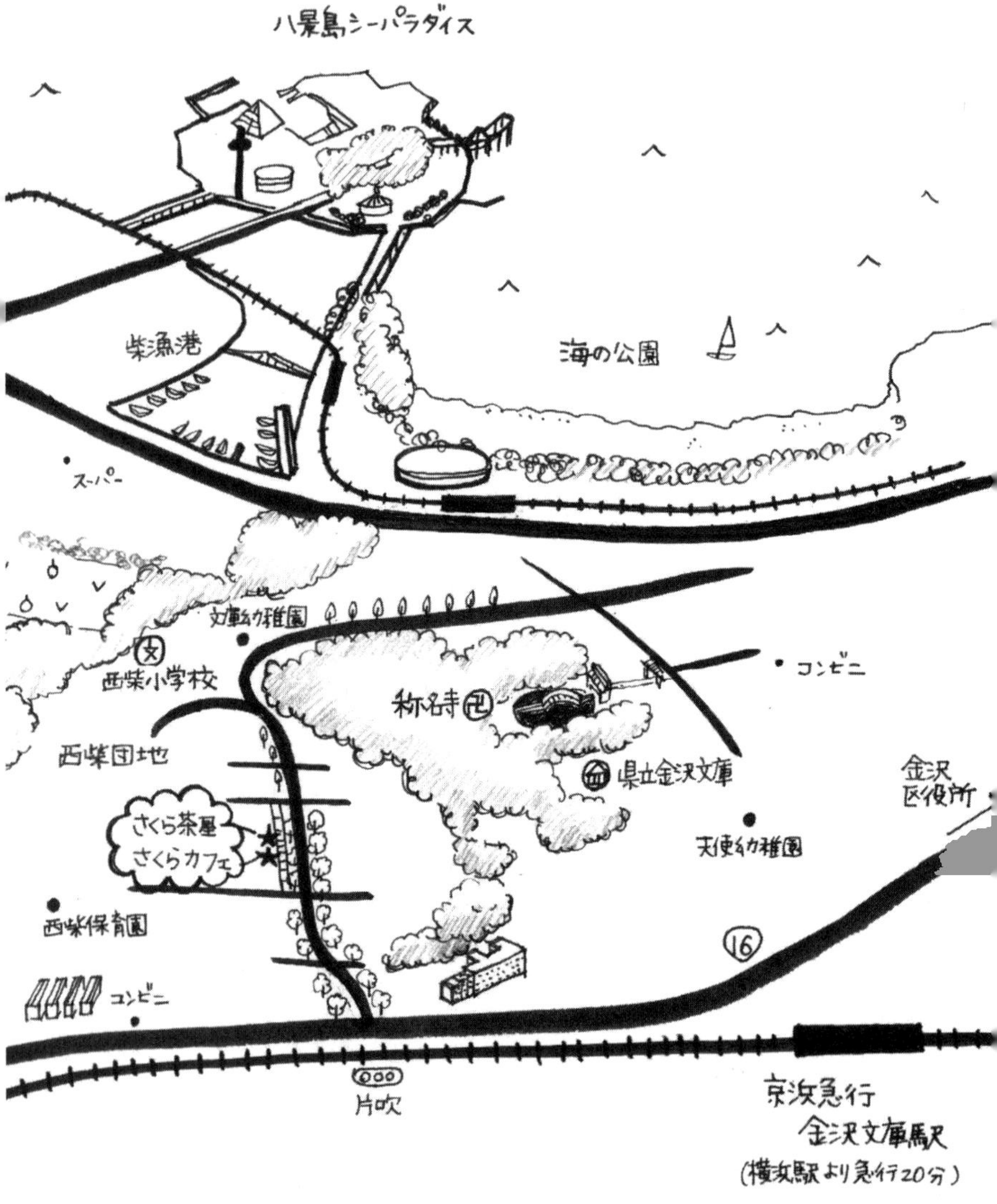

さくら茶屋・さくらカフェ

京浜急行　金沢文庫駅より　徒歩 約15分

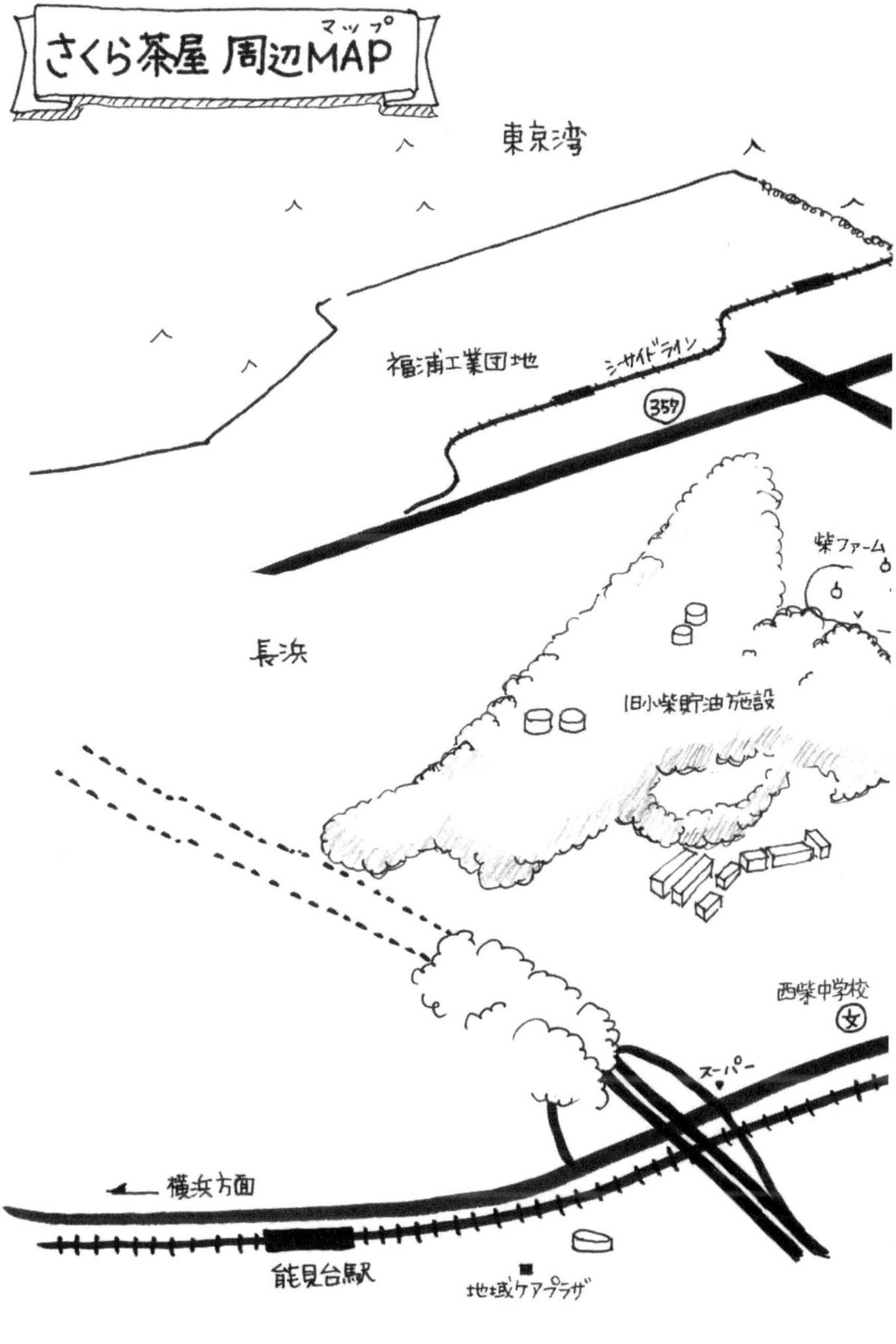
さくら茶屋 周辺MAP《マップ》
東京湾
福浦工業団地
シーサイドライン
357
柴ファーム
長浜
旧小柴貯油施設
西柴中学校
スーパー
横浜方面
能見台駅
地域ケアプラザ

さくら茶屋にししば　10年のあゆみ

（詳細は資料編224頁参照）

2009年　主婦たちが「地域の居場所づくり」を決意。コミュニティカフェ開設をめざし「ヨコハマ市民まち普請《ぶしん》事業」で500万円獲得に挑戦。広報紙を創刊。

2010年　西柴ショッピングセンター（以下、商店街）にランチや惣菜を提供する**「さくら茶屋にししば」を開設**。住民の交流を目的に、子どもや高齢者向けのイベントも企画し、運営を始めた。

2011年　商店街の薬局と連携し、介護や健康促進に取り組む「ほっとサロン」を開設。買い物支援や生活支援にも取り組む。併せて**NPO法人化**に取り組む。

2012年　健康ウォーキング活動を開始。子ども向けハロウィンを地域を練り歩くパレード形態に発展させる。「かながわ子ども・子育て支援奨励賞」を受賞。

2013年　NPO賛助会員160人に。キッズコーナーを併設した第2店舗**「さくらカフェ」を開設**。金沢区地域振興課と市民活動支援の協働活動を開始。

2014年　「さくら茶屋ホームページ」を開始。商店街の協力を得て「商店街七夕飾り」に取り組む。

2015年

「認知症カフェ・オレンジデー」や「発達凸凹《でこぼこ》児　親の会」の発足など、新たな分野の活動に着手。国土交通省「まちづくり功労者」表彰などを受ける。

2016年

茶屋利用や大家族食堂に関する3000人対象の住民アンケートを実施。その内容を踏まえて月2回の**「大家族食堂（さくら食堂）」を開始**する。

2017年

横浜市から「男女共同参画」貢献で表彰を受ける。横浜市から委託を受け「介護予防・生活支援事業（サービスB）」を**「げんきライフ」と命名し開始**。

2018年

広報紙100号突破記念の集いを実施。さくらカフェで開催するイベントの参加者が増加したことから、リニューアルしてホールを拡張。

2019年

さくら茶屋理事会役職（副理事長）の変更実施。西柴夜話《やわ》（地域交流会）100回記念の集い開催。開設10周年を記念して本の発行を検討。

2020年

新型コロナウイルス感染予防のため4月から休業、6月よりテイクアウト販売で再開。本の発行を決定し、クラウドファンディングに取り組む。ネット利用のリモート環境整備。

2021年

『コミュニティカフェ さくら茶屋物語　居場所は街を動かす』を出版。

目次

はじめに 3
さくら茶屋 周辺MAP 8
10年のあゆみ 10

1章 そうだ、コミュニティカフェをつくろう

1 高齢化問題待ったなし 20
（1）「終の棲家」をめざして…20
2 主婦たちの挑戦 24
（1）「ヨコハマ市民まち普請事業」への応募…24
①主婦10人の決意と挑戦 ②「甘く見てはいけない」という厳しい反応
③事業計画を立てる
（2）次の課題は場所とお金、そして人…31
①大家さんへの直談判 ②甘かった収支計画
（3）住民の声を羅針盤に…36

①アンケートとボランティアの募集　②必ずやるという覚悟
③「さくら茶屋」の名前の由来

3　さくら茶屋オープン 42
（1）「さくら茶屋」と「さくらカフェ」…42
①産声をあげたさくら茶屋　②多世代交流の場「さくらカフェ」
③悩みや相談からさまざまな活動が生まれる

4　「主婦の味」が地域に大好評 48
（1）飽きないおいしさ（メニュー秘話）…48
①家庭の味で勝負　曜日替わりのメニュー　②安心・安全、安くてうまいお惣菜

5　「おいしいね」からはじまる関係づくり 55
（1）「食」で人と人をつなぐ…55
①ボランティアだからできた柔軟なサービス　②「食」が人と人をつなぐ
（2）人の流れは商店街にも…60

2章　必要！　やりたい‼　即実行

1　広がるさくら茶屋の活動 64
（1）住民の協力で増え続けた事業…64
①高齢者支援事業　②買い物などの生活支援　③健康づくり

（2）子どもは地域の宝…72
①子どもイベント　②みんなで支えあおう！ 子育てを
③働く親を地域でサポート・朝塾（朝の学童保育）

83
2 地域には達人がいっぱい
（1）趣味の教室、特技を生かしたボランティア…84
（2）人と人をつなぐきっかけに…90
（3）みんなの力でつくった紙芝居…95

3章 集え多世代 ～カフェから広がる新たなつながり

102
1 さくらカフェの誕生
①はじまりは気になる子どもたち　②やるっきゃない
③厳しい運営に救世主　④人をつなぎ、新たな声を拾い続ける

113
2 ハロウィンと大家族食堂
①ハロウィンは街をあげてのビッグイベント
②大人も子どもも一緒に食べよう大家族食堂（さくら食堂）

125
3 げんきライフ（介護予防事業）
①介護予防、これからは地域が出番
②楽しいが一番、多彩な介護予防プログラム　③コロナ禍のげんきライフ

4章 さくら茶屋を支える大きな力

1 私たちが大切にしてきたこと 136

（1）80人のボランティアで日々運営する工夫…136

①無理せず、できる範囲で活動しよう ②運営の要は曜日担当制
③ボランティアスタッフの多さが強み

（2）ボランティアの極意…141

①フラットな関係 ②スタッフの結束を強める3つの会議
③選手層は厚い「チームさくら茶屋」

2 活動を育てるもうひとつの力 150

（1）さくら茶屋の強力な応援団…150

①さくら茶屋は多くの方々の愛に支えられている ②賛助会員制度

（2）広報活動と協力者…154

①広報紙 ②ホームページ ③掲示板

（3）苦労は多いが実りも多いNPO法人…162

①NPO法人って何？ ②もうけ第一ではないお店 ③NPO法人の効果

（4）さまざまな後押しで活動の幅が広がる…166

①自治会との連携 ②商店街との連携 ③コミュニティカフェのネットワーク
④外からの評価が自分たちの活動をふりかえるきっかけに

5章 さくら茶屋を描く80色の色鉛筆

172 1 80人のスタッフは唯一無二の色を持つ
① 1ダース、12人の紹介

6章 これからのコミュニティカフェ
～新型コロナウイルス感染症（COVID‐19）から見えてきたもの

186 1 コロナ禍で表面化したもの
① 対立と連帯が表面化したコロナ禍　② さくら茶屋を休業して見えてきたもの
③ テイクアウトで営業再開　④ 私たちはひとりじゃない

193 2 私たちが考えるこれからのコミュニティカフェ
（1）ポストの数ほどのコミュニティカフェを…193
（2）街の様子をよく見ていこう…195
①「日常」の変化に敏感になろう　② 地域住民と共に街の問題解決を
（3）自分の街づくりを探求しよう…197
① ネットに強い街づくり　② イベントや交流にリモートを活用
③ 新しい働き方、職住接近で得られる充実感
④ 自分たちの街は自分たちでつくっていく

（4）継続は力…206
①ボランティアは自分のためのもの＝生涯現役
②「継続は力」、変化は必ず現れる

7章 新たな社会的価値の創出

新たな社会的価値の創出　卯月 盛夫…210
コミュニティカフェのフロントランナー　河上 牧子…220

附章 資料編

私たちのめざす街づくり…224
私たちのあゆみ…224
行政・企業などとの連携・支援について…229
さくら茶屋ボランティアアンケート…230
「さくら茶屋があってよかった！」スタッフからのひと言…233
NPO法人さくら茶屋にししばの活動…244
ボランティアスタッフ・協力者・会員の募集…245
連絡先・アクセスなど…247

コラム

さくら茶屋と私

自分だけではない　飯田万里…78
紙芝居づくりの思い出　三島佑実子…98
介護者の集いをきっかけに　H・E…122
戻る場所があることが支えに　A・O…183

さくら茶屋あれこれ

あっ、大丈夫ですよ…57
さくら茶屋の応援団…62
コロナがもたらした街の風景　H・M…188
ボランティアはお薬より効く?!　飯田益美…207

思い出に残る人たち

Aさんのこと…100
Uさんのこと…134
Mさんのこと…153

Q & A

人や場所を探すには?…88
さくらカフェで大切にしていること…112
大家族食堂(さくら食堂)の運営について…123
ボランティアと経費について…146

おわりに 248
●クラウドファンディングにご協力いただいた皆さま 254
●編著者紹介 255

1章

そうだ、コミュニティカフェをつくろう

1 高齢化問題待ったなし

さくら茶屋にししば事務局長　阿部茂男

(1)「終の棲家」をめざして

私たちの住む西柴は、横浜市の最南端である金沢区にある。この近辺は鎌倉時代、幕府隣接の港町・六浦《むつうら》湊として栄え、北条氏により日本最古の武家文庫「金沢文庫」が設けられたなど歴史のある地域である。

もともと西柴の地は雑木林の丘陵地であったが、昭和40年から60年（1965～1985年）にかけて金沢区沿岸部の埋め立て用の土砂の採取場となり、その跡地を西武グループが分譲住宅地として開発したニュータウンだ。近くには埋め立て後にできた横浜市唯一の海水浴場「海の公園」や八景島《はっけいじま》シーパラダイスというレジャー施設があり、親子連れなどでにぎわう（航空写真23頁参照）。

西柴2丁目から4丁目を中心とする西柴団地は、1600世帯のほとんどが一戸建ての住宅地である。最寄り駅は京浜急行線の金沢文庫駅。横浜駅から急行で約20分。駅からバスに乗ると5分、ゆっくりと上り坂を歩くと15分。西柴団地のメイン通りにある商店街、西柴ショッピングセンターに私たちの地域の拠点「さくら茶屋」がある。団地の中心部には幼稚園と小学校があり、近隣にある数百世帯のマンションの子どもたちが、さくら茶屋の前を通って通園・通学している。

開発当時は、海と自然がある環境、都心への通勤も便利ということで人気を集め、申し込みが殺到したという。夫は都心方面に通勤し、妻は専業主婦で子育てに奮闘するという家庭がほとんどであった。購入層がほぼ同年代で入居時期が集中していることから、居住者の年齢構成には偏《かたよ》りがある。横浜市の「人口・世帯数の動向と推計」（２０００年）によると、２０２０年には少子化や高齢化が急速に進み、２０４０年には空き地、空き家の割合が25％に上昇すると推計されている。

開発から50年を経た今、当時の企業戦士層は年金生活者となり、子ども世代は家を出て東京近郊に引っ越し、高齢者のひとり暮らしや老々介護の家庭が増えている。高齢化率は40％を超える。西柴ショッピングセンターも、最盛期は20数店舗あってにぎわっていたが、徐々に閉店が続き、活気を失いつつあった。

地域の自治会活動は活発で、男性たちは退職後も個々の能力を発揮し、環境整備や防犯防災活動では行政からいくつかの表彰も受けるなど、数々の実績を残している。ただ自治会の組長や地域の福祉活動は主婦中心におこなわれてきており、今はそこにも高齢化の波が押し寄せている。「運転免許証」を返上して車を持たない家庭が増えているが、山を切り開いた団地のため坂道が多く、車を手放した高齢者には買い物などが大きな負担となっている。食料品の宅配車や、近隣のデイケアの送迎車が街中を走っているのを頻繁《ひんぱん》に見かけるようになった。

住民の多くは40年余りこの街に住んできて、できるなら「終《つい》の棲家《すみか》」にしたいと思っている人も少なくない。だが、地域ケアプラザ（横浜市の各地域で福祉保健活動や交流の拠点となる在宅介護支援施設）などの施設が　団地内にないことから、「ひとりになっても安心して暮らせる街」「地域住民が支えあえる街」、そして何よりも「商店街など街の活性化」を願っているのが現状である。

しかし、ひと回り枠を広げて地域をとらえると、近隣には子育て世代もいて、地域の年代層は広がる。世代を超えて交流のできる、高齢者に配慮した街づくりをめざして、私たちの「居場所づくり」がスタートしたのである。

航空写真1990年代（上)、1960年代（下)。白線囲みが西柴団地。その中央の旗印のところに「さくら茶屋」は位置する。
1990年代の地図（上）では工業団地と八景島（右下の島）が造成されている。
1960年代（下）の地図には、比較のため工業団地の一部（右）が写してある。

2　主婦たちの挑戦

さくら茶屋にししば理事長　岡本溢子

(1)「ヨコハマ市民まち普請事業」への応募

① 主婦10人の決意と挑戦

昭和40（1965）年代のはじめ、金沢区社会福祉協議会は来《きた》るべき高齢化社会に危機感を持ち、各町内会や単位自治会に、地域の支えあいの組織をつくるように呼びかけた。それに応えて西柴団地にボランティア団体「西柴団地福祉サービス」（以下、福祉サービス）が1993年に生まれた。団地内の主婦を中心に多くのボランティアを集め、最初にアンケート調査をして、6ヵ月に1回の食事会から活動をはじめた。約30年近い歴史を刻む中で徐々に活動の幅を広げ、現在も月2回のお茶会、2ヵ月に1回の食事会、毎週1回の子育て支援などをおこなっている。

私は教員として働きながら、40代から義父の介護を続け、1986年に82歳で亡くなるまで在宅で看取った。まだ介護保険もなかった頃で、昼間は家政婦さんに看てもらったが、在宅で介護する人の大変さを思う一方、高齢になった方が近所に気軽に出かけられる場所があればいいな、とずっと思っていた。それで私も何かお手伝いができればと、退職してから福祉サービスでボランティア活動をはじめ、２００６年から２００９年まで福祉サービスの代表もつとめた。福祉サービスは現役時代にその設立に関わった組織で、縁というのは不思議なものだと思う。

福祉サービスで活動を続けるうちに改めて実感したのが、「いつでも、誰でもが気軽に来られる居場所」の必要性だ。共に活動するボランティア仲間の中でも、「もっと多くの人に参加してもらうにはどうしたらいいか」「街に居場所をつくりたい」という機運が高まっていった。今から10年あまり前のことだ。

同じ夢を持つ仲間というのは本当に心強い。

「そんな場所が本当にできるといいね」「でも、場所はあるかしら？　自治会館が使えたらいいけれど、いつも使うのは無理だし」「商店街の空き店舗を改装して、食事もできて、いつでも集える居場所ができないかしら」「いつでも行けるお店みたいなものを開くとしたら、資金はどうしよう？」「でも、つくりたいね。何かいい考えはないかなあ」。

集まればそんな会話で盛りあがった。高齢化が進む西柴団地では、我が家を終の棲家としたいという願いは赤信号。何とかして、せめて黄色信号にしたいと思ったのだ。

本気であれこれ話し合うものの、立ちはだかるのは資金の問題だった。これは熱意だけではどうにかなる問題ではない。そんな時、区社協の情報コーナーで見つけたのが横浜市のまちづくりの助成金「ヨコハマ市民まち普請事業」（以下、まち普請）のチラシだった。これに応募して審査を通れば500万円もらえることを知り、すぐに仲間と相談した。とにかくやってみよう！　とみんなで盛りあがり、応募することを決意した。

この時、申請書の提出締め切りまで4ヵ月。

冷静に振り返れば、賛同者を募り、事業計画や予算を立てて申請書を書くには時間的にもかなり厳しかったが、そこは意欲に燃える仲間たち。怖いもの知らずで「まあ、ダメもとでもやってみよう！」と動き出した。

応募するためにまず必要だったのは、団体を立ちあげること。

福祉サービスで意気投合した仲間10人で相談し、「私たちのふるさと西柴団地を愛する会」（以下、西柴団地を愛する会）を2009年3月に結成した。「私たちのふるさと」という名前には深い思いがあった。団地住民は日本各地から集まり、少なくない資金を元に、この地に居を構えた。ここで家族の歴史を紡《つむ》ぎ、時を経て子どもたちは巣立ち、老々介護や連れ合いに死なれひとり暮らしの家庭が増えている。身体的理由でひとり暮らしが困難になり、施設に入所したり、遠方の子どもの近くに住み替えるケースも目立ってきた。もし「街の居場所」があったなら、そこに集う皆で支え、支えられる場所があったなら、少しでも長く「この街に住み続けたい」という願いを叶《かな》えられるのではないか。そんな思いが交錯して、長い名前だがあえてつけたのである。

「ヨコハマ市民まち普請事業」とはどんな制度なのか。

横浜市のパンフレットから引用すると、「市民の皆さんが主体となって行う地域の課題解決や魅力向上のための『施設整備』に対する支援・助成を行い、地域に合ったまちづくりの実現をめざす。2段階の公開コンテストで選考された提案に助成する」とある。

一次審査から二次審査まで一年がかりの息の長いプログラムだが、この制度の素晴らしいところは、助成金にとどまらず、一次審査に応募する団体に横浜市がその内容にあったプロのコーディネーターをつけてくれ、最終審査、そしてお店のオープンまで伴走支援をしてくれることである。この伴走が、「地域に居場所をつくりたい」「そんな場があったらいいなあ」と思っていた素人の主婦たちの大きな支えとなった。

一次審査は「創意工夫・意欲・公共性」を評価するという。この3点では誰にも負けないと思い、慣れないパソコンに悪戦苦闘しながら、10人の思いを込めて一次申請書を書きあげ、2009年4月、締め切り間際に提出した。

②「甘く見てはいけない」という厳しい反応

まち普請事業に応募するにあたって、私たちはまず西柴団地自治会の役員に話し合いを申し入れた。自治会からの後援があれば、大きな信用を得られると考えたからだ。

役員全員が快く集まってくれた。私たちは居場所づくりへの思いや計画について熱く語った。しかしそこで出された意見は、「何か起きた時のリスクをどう考えているのか」「ボランティアがそんなに集まるとは思えない」「家賃だけでも大変だろう」「お店の経営は簡単なものではない」「甘く見てはいけない」などなど、厳しいものであった。

言われることは最もなことであるが、私たちは西柴団地の抱えているさまざまな問題を解決するには、活動拠点となる居場所をつくることが必要だという一念だったので、まさか反対されるとは夢にも思っていなかった。自治会と協力することでより成果をあげられると思っていた。枠を越えた仲間になりたかったのだ。

その時、すでに故人となられたが、立ちあげメンバー10人の中で一番年上の佐藤英子《ひでこ》さん（74歳、当時）が口を開いた。「私たちはこの街が少しでもよくなるようにと思って、今日ここに来ました。それを頭から否定されて本当に残念です。実際には無理だと思っても、ここまで考えてくれてありがとう、という言葉があってもいいのではないかと思います。自治会の役割とはいったい何なのでしょうか？」と、静かにそして怒りを込めて発言された。佐藤さんは、優しくて上品なご婦人というイメージを持っていたので、その発言に一番驚いたのは実は私たちだった。

最後に、「やってみないとわからないです。がんばります」と私が言って自治会との話し合いは終わった。申請書に西柴団地自治会後援と入れることはあきらめ、自分たちでがんばるしかない、という決意を逆に固めたのだった。

全員が反対だったわけではない。自治会の副会長だった上田さんは、「がんばってくださいい」とエールを送ってくれた。上田さんはのちに自治会長になり、自治会との関係も一歩前進した。また、その時リスクを心配された早川さんは、自治会の役員任期を終えた現在、いろいろな自家製野菜を店に寄付してくださっている。

③ 事業計画を立てる

お店をやるといっても、実際にどんなことをやるのか具体的な計画が必要だ。

一次申請書は提出したものの、「まち普請」の審査は一次審査（2009年6月）、二次審査（2010年2月）と一年かけて続く。助成金が得られるかどうかは未定。資金がなければオープンは夢で終わる可能性もあるが、資金を得てから準備するのでは間に合わない。そこで、「まち普請」の事務局（横浜市）から春日さんとコーディネーター櫻井淳《さくらいじゅん》さん（株式会社櫻井計画工房・取締役）の力を借りながら、事業計画づくりを進めた。櫻井さんは、建築・都市デザイン・地域まちづくりの専門家で、まち普請に応募した際に、さくら茶屋の計画にはこの人が適任ということで横浜市から紹介された。

平均して月2、3回の会議を重ね、物件、資金、調理メニュー、店の名前、運営方法、街のニーズを探るためにおこなうアンケートの内容などについて話し合った。

まず、お店で出すメニューをどうするか。高齢者がいつでも気軽に来ることができて、ひとり暮らしの「食」を支えるには何が必要だろう。話し合ううちに、自分たちにできることを基本に、メインは家庭で日常的につくっているもの、自分たちの得意料理を出そうということになった。そのほかに、コーヒーやケーキなどを用意したり、持ち帰りの惣菜（切り干し大根の煮つけ・ひじきの煮物・筑前煮・胡麻和《ごまあ》えなど）も出すことにした。

櫻井さんから「店の経営継続のためにも、お客さんの入りに左右されない売上の確保をめざして、場所貸しできるスペースを持ってはどうか」というアドバイスがあった。そこで、展示コーナーやレンタルボックスを設置して事業収入の柱にしているコミュニティカフェ「港南台タウンカフェ」（横浜市港南区）や西谷商栄会にある「井戸端クラブ＠nishiya」（横浜市保土ヶ谷区）などへ見学に行き、自分たちの場にどう取り入れるか検討した。

話し合いを重ねて準備を進めた結果、西柴団地を愛する会は各項目において満票を得て、無事に一次審査を通過することができた。

(2) 次の課題は場所とお金、そして人

① 大家さんへの直談判

居場所をつくる時、場所の確保が一番の課題となる。

私たちは商店街の活性化も考えていたので、はじめから商店街の中にお店を開設しよう

と決めていた。商店街には空き店舗がいくつもあった。10年、いや20年以上も空いている店舗もあって、最盛期を知る身としては一抹《いちまつ》の寂しさを感じていた。

そのため場所には困ることはないと思っていたのだが、これがなかなか難しかった。3件の物件に候補を絞り、家主さんの了解を得た。私たちがここが一番いいと選んだ物件を一次審査で提案して合格したのだが、後日、横浜市がその物件について詳細に調べ、「建築基準法違反」ということで不可になった。助成金は「税金」である。法令違反のある物件に支給することはできないという。街の小さな商店は意外と自由に増改築をしていて、「建築基準法」においてグレーな物件があるので注意が必要だった。二次審査までに新しい物件を探さなくてはならない。しかし、第2候補の物件も同じ理由で無理なことがわかった。第3候補の物件がかろうじてまち普請の条件に適合したものだった。

私たちの懐事情もあるが、敷金礼金のかかる不動産業者を通すのではなく、商店街の未来を担う同じ同志として、直接大家さんを訪ねてお願いすることにした。大家さんを探すのも大変だった。シャッターを下ろしたままにしているよりはメリットがあるだろうと考え、商店街の方に趣旨を説明して大家さんの名前を教えてもらい、ようやく訪問の約束を取りつけて、5人でお願いに行った。私たちがやろうとしていることを説明し、協力を仰ぎ、家賃を下げてもらえないかお願いをした。大家さんは、熱心に話を聞いてくださった。そして「自分の街にもそんなコミュニティカフェがあればいいなあ」と言って、敷金・権利金なし、その上、家賃の値下げにも応じてくださった。

しかし、借りるにはひとつ条件があった。

大家さんに話しに行ったのは2009年9月。二次審査の結果がわかるのは翌年2月。どんなに急いでも、お店のオープンは5月になりそうだと伝えると、大家さんから、「その間に、不動産業者を通した規定条件の借り手が現れれば、そちらを優先しますがそれでもいいですか?」と言われたのだ。大家さんの立場としては最もなことだ。二次審査に通る保証もないのに、家賃0円で店舗を仮予約させてくださいというのも難しい。20年近く空き店舗になっていた物件に、急に借り手が現れるわけはないとは思うが、この店舗を逃したら、まち普請に通ってもお店をはじめることはできない。

どうしようかとみんなで悩んだ結果、仮予約に必要な前家賃30万円（家賃の半分を10月から翌年3月まで6か月間分）を払って物件を押さえるという苦渋の決断をした。

この30万をどうするか話し合う中で、立ちあげ有志の10人で3万円ずつ無利子無担保で出し合うということになった（さくら茶屋が軌道に乗り一年後には返金できた）。しかしお金の問題は難しい。この時、活動を共にしてきた2人の方が会を去られた。あくまでも任意であったのだが、出資せずに会の活動を続けることに、ためらいを感じられたのかもしれない。

②甘かった収支計画

その一方で、まち普請のコーディネーターや建築家に協力してもらい、お店の設計や事業計画、備品なども考え、準備をすすめた。

店舗を借りる目途も立ったところで、次に収支の概要を描いてみることにした（左表）。まち普請では実現性が問われるので、固定収入の確保のためにレンタルボックスと朝塾（80頁参照）を事業予定に組み込んだ。何とか赤字にしないという甘い甘い見通しであり、支出に関しても、食費以外に、わりばし、ビニール袋、パック、つまようじなど細かなものにお金がかかることに考えが至らなかった。10年経った今では思う。なんと無知だったことだろう。コミュニティカフェはおろか、飲食店をやった経験者が一人もいないので、実際やってみないとわからないというのが本音であった。

当初は一日10食と想定して15食ほどつくったが、オープン直後から30食ほど出る日が続き、あわてて追加でお米を炊くような状態になった。それからは毎日、20食から30食、人気の松花堂弁当は40食ほどつくっている。その後、持ち帰って家族と食べたい、お弁当をつくってほしいという要望が寄せられ、お弁当も10食から15食ほどつくるようになった（提供食数の推移参照）。

「オープンして、あまりにお客さんが来な

売り上げの概算　210,000円／月
- レンタルボックス代　40,000円（月2,000円×20箱）
- ランチ125,000円／月
  （月曜～土曜、1食500円（当時）×1日約10食）
- 惣菜　25,000円／月（1パック100円×1日10個）
- 朝塾授業料　20,000円／月　（月5,000×4人）

支出の概算
- 家賃80,000円＋水道光熱費30,000円＋食材費60,000円
  ＋雑費20,000円＝190,000円／月

差引　210,000－190,000=20,000円

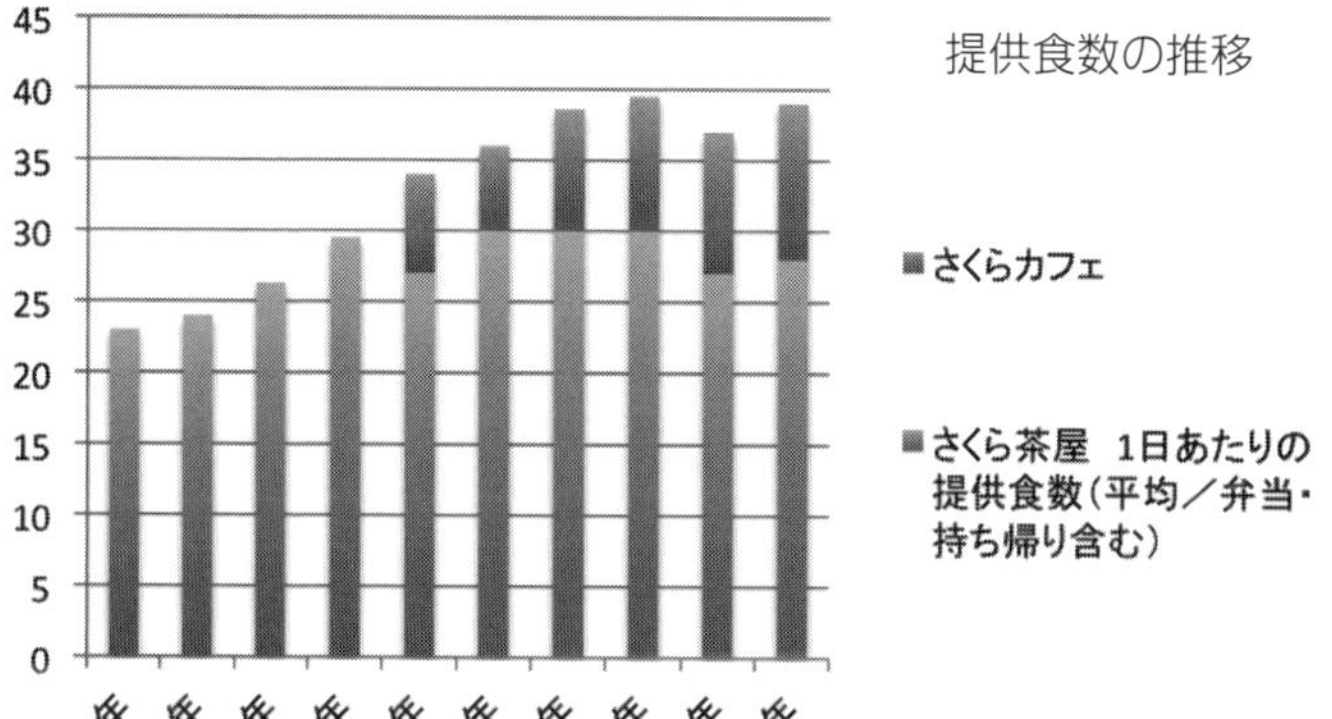

いようなら、原材料分は出るように、自分たちが当面のお客さんになればいいわね」と笑い合ったのも、今ではいい思い出だ。

（3）住民の声を羅針盤に

①アンケートとボランティアの募集

二次審査に向けて住民の意見や要望を聞くため、2009年6月に団地内1600世帯を対象にアンケート調査をおこなった。アンケート用紙は手伝ってくれる人たちで手分けして全世帯に配り、回収も自分たちでした。自治会のアンケート回収率は90パーセント以上になるが、住民にとってははじめて耳にする「西柴団地を愛する会」のアンケートはそうはいかない。しかしシャッター化する商店街にお店を開こうという内容だっただけに、2割近い回収があった。しかも半数以上の方が意見欄に「賛同・応援します」との声を寄せてくれた。

地域住民の意見は私たちにやる気と自信を与えてくれた。一人ひとりの声に応えるためにも、「いつでも、誰でも、自由に気軽に来られる居場所」はきっとできる、いや、つく

＜　西柴団地アンケート集計結果です　＞

この10月に西柴団地の皆様にご協力いただいたアンケート結果をお知らせします。270世帯の方々から回答をいただきました。お店への期待や経営を危惧する声などの具体的意見は127名から寄せていただきました。

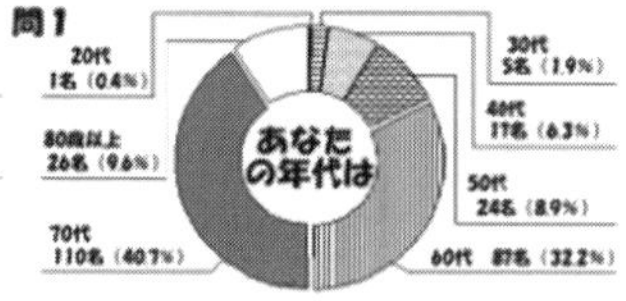

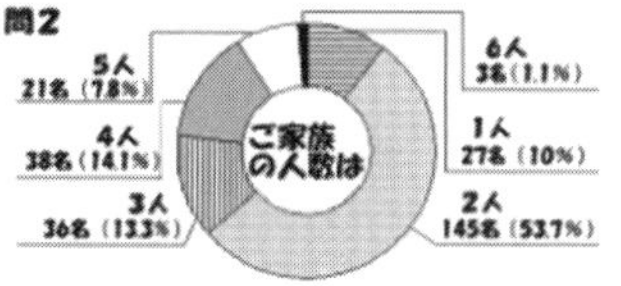

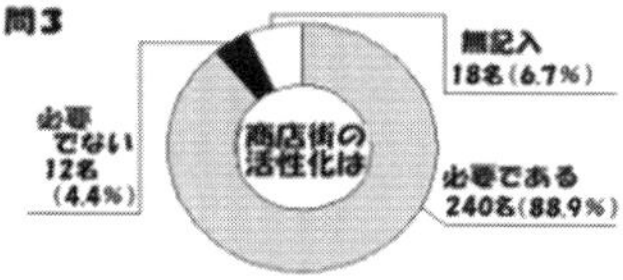

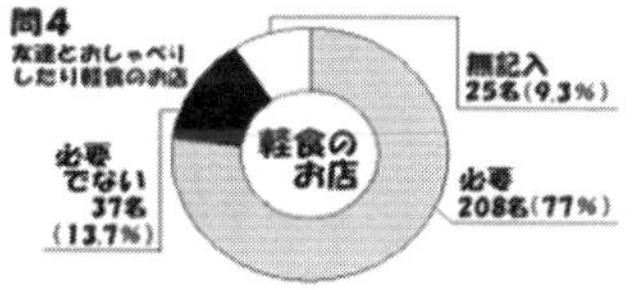

二十四名もの協力者が

意見の欄では、別紙二枚に書いていただいた方など実に多くの声が寄せられました。

世代を超えた交流の場、気楽によれる店、魅力ある店舗など商店街の活性化を求める意見には大賛成、高齢者からは買い物が便利になって欲しい、コンビニが欲しいなど坂道の多い西柴団地だからこその声、教えたい、習いたいという声も少なくありません。

反面、企画には賛成だけど、経営上成り立っていくのか、商売の素人がやっても無理、長続きするのかなど運営を危惧する声も寄せられました。

スタッフとしての協力も募りましたが、二十四名もの方から申し出がありました。

新たな協力者とともに、体制も整ってきています。

こんなお店にして欲しい！の声、いろいろ・・・・！！

◆パーティー・会合に利用を希望する========68名（25．1%）
◆習いたい（パソコン　英会話　ヨガ　習字　そろばん　絵画　囲碁　編み物　手芸　コーラスなど）==========16名
◆教えたい（英会話　鎌倉彫　ファブリックペイント　英語の音読　アロマセラピー　ビーズアクセサリー　刺繍====16名
◆レンタルボックスを借りたい==========11名

らなければならない、という使命感が大きく心の中に宿ったのである。そして「住民の声こそ羅針盤」ということが、さくら茶屋の活動指針となっていった。

アンケートでは同時にボランティアを募集した。それに対して24人の方が協力を表明してくれた。この人たちに活動に参加してもらうために、10月末に2回の説明会を開催し、その日程では都合がつかないという人には、個別にわが家にお招きをするという作戦をとった。その結果、20人の方と直接お話しすることができて、活動に参加してもらえる運びとなった。立ちあげの8人とこの時の20人が、さくら茶屋を支える核となったのである。

また、みんなの意思統一と形になっていく店の概要を確認するため、議事録代わりに「まちづくり通信」を作成して配った。これは16号まで版を重ね、記録としても思い出としても貴重な資料となっている。

②必ずやるという覚悟

忘れられないエピソードがある。

活動に誘うためわが家に招いたおひとり、林塚己さんに開口一番、こう聞かれたのだ。

「岡本さん、もしまち普請が通らなくても、コミュニティカフェをやりますか?」

私は一瞬答えに窮したが、気がつけばこう答えていた。

「はい、やります！」。

林さんは私の覚悟を問うたのだ。「まち普請」の審査には手応えを感じてはいたが、万が一ということもあった。だが林さんのこのひと言で、私は「コミュニティカフェを必ずやる」という覚悟が決まったと言っても過言ではない。

しかし、夜になって布団の中で、威勢のいい啖呵《たんか》を切ったけれど本当に大丈夫だろうか、と不安になってきた。その時浮かんだのは仲間たちの顔である。前家賃の30万円を払うことになった時、私は30万なら自分で出そうと思っていた。けれど、仲間の一人、瀬川常子さんが「みんなでやっていることだから、みんなで出しましょう」と発言し、3万円ずつ出すことになったのだ。そうだ、みんなに相談しよう。みんなで考えればいいアイデアが浮かぶかもしれない。頼めばお金を出してくれそうな人も思い浮かぶ。まずは仲間を信頼することが大事だ。いざとなったら私が出せばいい、そう思いながら眠りについた。

その後、仲間と相談したところ、まち普請の500万が出るとしても、自己資金がないと不安だというので、一次審査の時の提案者を中心に親しい人に声をかけ、300万円を集めた（この300万は4年で返済することができた）。地域の人たちにも寄付を募ったところ100万円が集まったのだ。

林さんはその後も、大局的見地からいろいろアドバイスしてくれたり、ブログの発信や、後にNPO法人の申請時などにも中心的に動いてくれた。

③「さくら茶屋」の名前の由来

「さくら茶屋」の名前の由来となったエピソードがある。西柴団地のメイン道路、西柴ショッピングセンター前には創設当時にソメイヨシノが植えられていた。40年を経てその木は大きく成長し「桜のトンネル」となって、金沢区の新金沢八景に選ばれるほどの景観をなしていた。ところが、枝や根がはりすぎてバスが通る時に障害になってきた。倒木の危険もあることから、全部切り倒して、新しい桜「ジンダイアケボノ」が植えられることになった。「生まれ変わる桜」、これは私たちの活動である「街の再生」にぴったりだ。

まち普請の二次審査（2010年2月）

そこでまち普請の二次審査では、切り倒された桜を輪切りにした切り株を10人が持ち、そこに一文字ずつ「桜と共に生まれ変わります」と書いてアピールした。この切り株はソメイヨシノが切り倒された時、それを惜しむ人たちの声に押されて自治会が切り株を希望者に配ったものである。また、ショッピングセンターの八百屋のご主人に応援演説をお願いしたところ、法被《はっぴ》を着てねじり鉢巻きでさくら茶屋への熱い思いを語ってくださった。これらが功を奏したのか、二次審査でも満票の評価を得て、8団体応募したうちの5団体に選ばれ、しかもトップ当選だった。無事に助成金500万円をゲットした帰り道、みんなで飲み屋に寄り、美酒に酔った。

その後、お店の名前を公募したところ、桜にちなんだものが多く寄せられた。街のみんなに親しんでもらえる名前にしたいと、スタッフの間で悩みながら選考を重ね、「さくら茶屋」に全員一致で決定した。

西柴商店街前の桜（ジンダイアケボノ）並木

3　さくら茶屋オープン

さくら茶屋にししば理事長　岡本溢子

(1)「さくら茶屋」と「さくらカフェ」

①産声をあげたさくら茶屋

こうして（左表参照）さくら茶屋は2010年5月17日にオープンした。オープニングセレモニーでは、多世代が集える居場所という願いを込めて、近くの文庫幼稚園から借りたくす玉を、小学生、中学生、子育て世代、熟年世代、高齢世代の各代表が力をひとつにして割った。くす玉の中から「祝さくら茶屋」「祝オープン」の文字が現れた。さくら茶屋が第一歩を踏み出した瞬間である。

さくら茶屋誕生の時期に植えられた「ジンダイアケボノ」も10年を迎えた今、大きくなり春には濃いピンク色の花が私

オープニングセレモニーでくす玉割り（2010年5月）

たちを楽しませてくれる。この桜を見るたびにその年輪の成長と、さくら茶屋活動の年月の経過を感じている。

また朝日新聞がさくら茶屋のオープンを記事にしてくれた。この記事を見て訪れるお客さんも多く、ありがたかった。

さくら茶屋はキッチンを含めて広さは40平米ほど。店内には4つのテーブル（15席）と手づくり品やパンなどを展示・販売する小箱ショップがあり、テラス席もある（間取り図44頁）。月曜から土曜の午前11時から午後5時までオープンしており、ランチメニューを、曜日担当のチーム（6、7人のボランティアスタッフ）が、仕入れから調理、その日の営業までを担う。お惣菜やお弁当、ケーキセットも人気で、生ビールを飲むこともできる。

さくら茶屋がオープンするまで（自治会館で）	
2009年11月	料理を作って試食会（24人参加）
2010年	
1月12日	コーヒーの淹《い》れ方講習会（KEY COFFEE）
1月24日	お茶会（34名のお客さまが来店）
1月31日	エプロンドレス製作（裁縫の得意な原夏子さんの指導でさくら色のエプロンドレスをつくり、ユニフォームとする）
3月	商店街のさくら祭りに参加して、5月のさくら茶屋オープンを宣伝
5月4日～9日	曜日ごとに集まって料理のリハーサルをおこなう
5月15日	オープニングセレモニー
5月17日	開店

② 多世代交流の場「さくらカフェ」

さくら茶屋のオープンから3年後、2013年9月にさくら茶屋から2軒となりの空き店舗に、多世代交流の場「さ

さくら茶屋の間取り

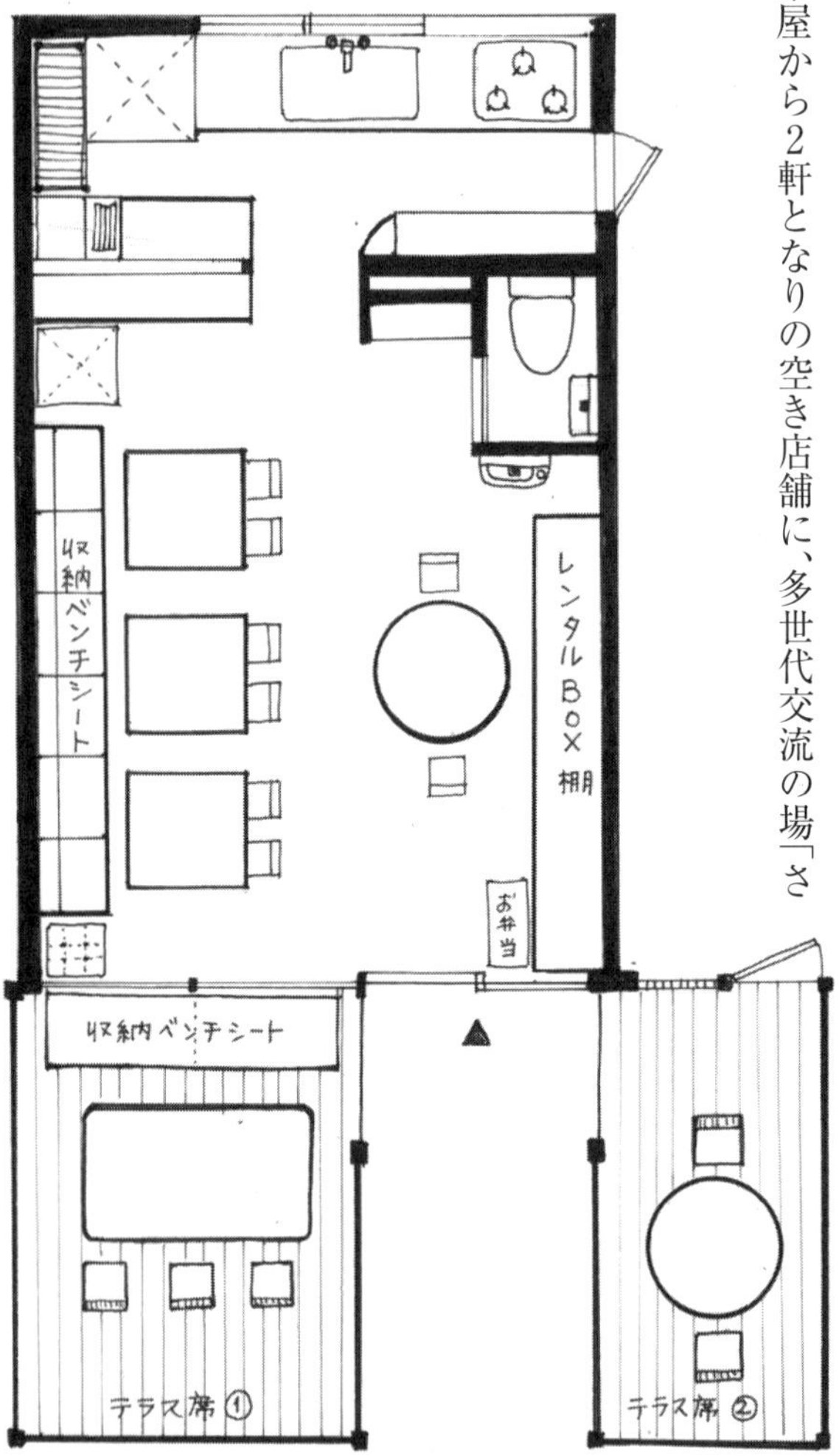

くらカフェ」をオープンした。こちらはさくら茶屋より広く（約60平米）、7テーブル、22席あり、イベント時などは50人ほど入ることができる（間取り図46頁）。

営業時間は10時から17時まで、主に若い子育て世代が集う。定番のロコモコ丼やカレーのほか、さくら茶屋のメニューも注文できるため、スタッフはお盆をかかえて行き来する。入口を入ってすぐのところに本や漫画、おもちゃをおいたキッズコーナーがあり、放課後の小学生が自由に立ち寄ることができる。朝早くに子どもを置いて勤めに出る保護者の要望に応えて、朝塾もさくら茶屋からさくらカフェに場所を移した（朝塾は2020年3月に閉塾）。

③悩みや相談からさまざまな活動が生まれる

場があると、おしゃべりの中でいろいろな悩みや相談があり、それを解決するにはどうしたらいいかと考えるうち

テラス席もあるさくら茶屋。商店街の2軒となりにさくらカフェがある。

に、いろんなアイデアが出てくる。協力者も見つかる。

家族の介護を担う人の話を聞く中で、お互いの悩みを話し合う場所が必要だと思い「介護者の集い」ができ、それが発展して「おしゃべりカフェ」ができた。認知症予防のため

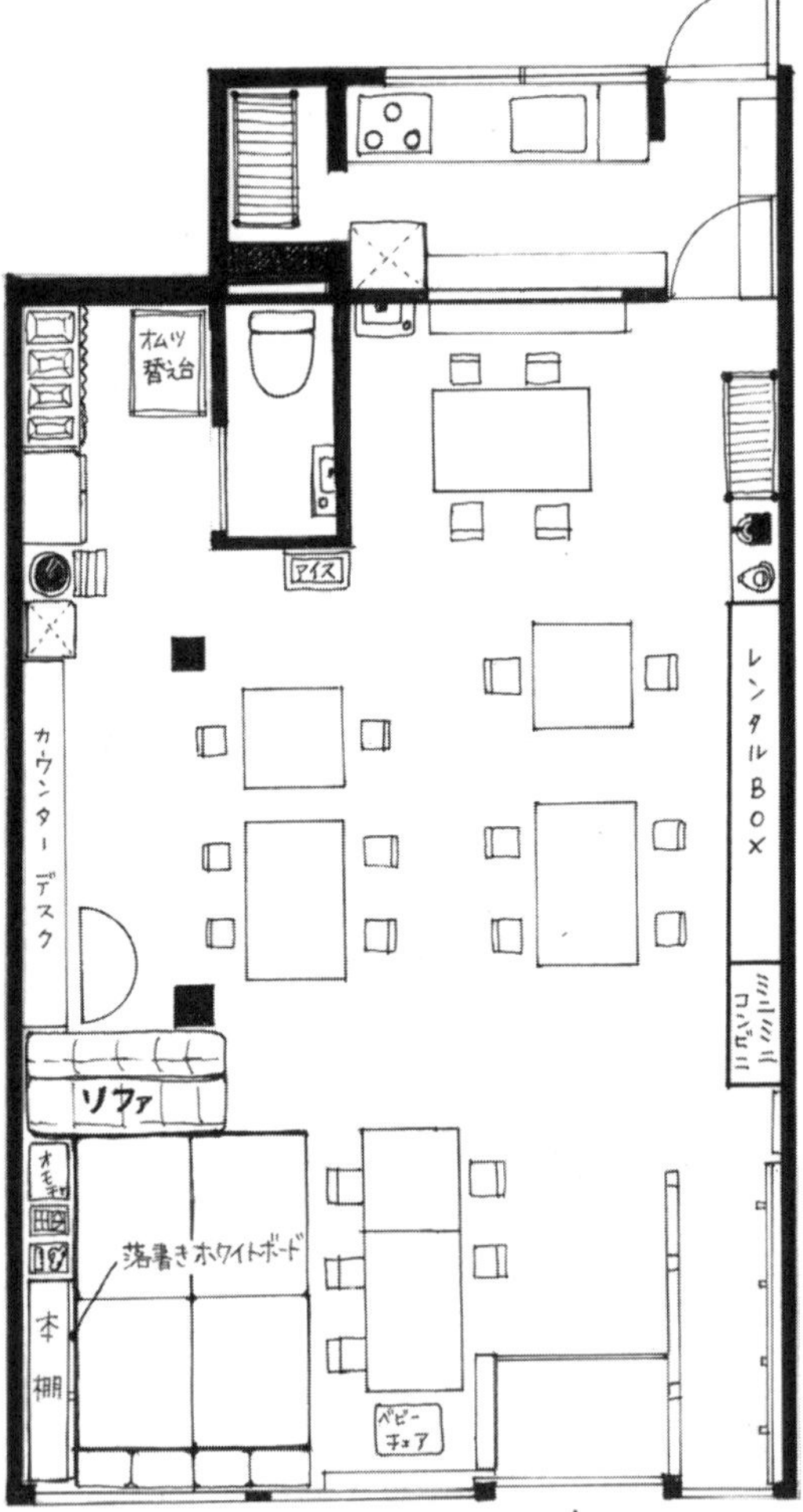

さくらカフェの間取り

の「ぼたんの会」が立ちあがり、脳トレやお茶会を開催し、認知症問題が大きな社会問題になるにつけ、認知症カフェが地域の中に必要だと思い、月1回の「オレンジデー」を開いた。そうした流れを受けて、2017年10月からは介護予防事業「げんきライフ」（横浜市の介護予防・生活支援サービス補助事業・通所型サービスB）が毎週木曜日にはじまった（125頁参照）。

また、さまざまな課題を抱える子どものお母さんたちがおしゃべりするうちに、自分たちで「発達凸凹児　親の会」（77頁）を立ちあげ、講座などを開催している。

調理やイベントのサポートなど、さまざまな形でかかわるボランティアは約80人、平均年齢は66・3歳（男女比は1対9）。毎月発行する広報紙「さくら茶屋」（以下、広報紙）には、さまざまな講座やイベントが紹介されている。3000部刷ってスタッフが分担して地域に手配りしている。

さくらカフェの「キッズコーナー」子どもがひとりで立ち寄っても自由に過ごせる。玩具や本、マンガは寄付されたもの。

4 「主婦の味」が地域に大好評

さくら茶屋にししば理事長　岡本溢子

(1) 飽きないおいしさ（メニュー秘話）

① 家庭の味で勝負　曜日替わりのメニュー

さくら茶屋の経営の大黒柱は、月曜日から土曜日までのランチを中心にした食の提供である。ここでの売りあげが、家賃や水道光熱費などの「固定費」をねん出する大事な収入源だ。世の中には飲食店は星の数ほどある。2、3年で新しいお店に変わることも多い。しかしさくら茶屋は潰れることもなく、10年間ほとんど同じメニューで営業を続けることができた。その秘密は、さくら茶屋がお客さんとスタッフでつくる居場所であり、何よりボランティアの思いに支えられてきたということだろうか。

最初にボランティアとして手をあげてくれた20人の中には、料理に腕の覚えのある方が何人もいた。お客さまに少しでもおいしいものを出したいという思いと腕を持つ、菅沼秀子さんと飯田益美さんのふたりによって、水曜日の看板メニュー「松花堂弁当」ができあがった。盛りつけ方ひとつで料理が生きる、調味料の使い方ひとつで味が格段に決まる。ふたりの料理名人に教わることは多かった。

ボランティアとしての活動で得られるのは「おいしい！」「ありがとう！」というお客さまの声と、やりきったという充実感。時給が出るわけではない（ボランティアは当初は無償、ＮＰＯ法人にしたことを契機に3年目から1回２５０円の謝金を出している）。そこに物足りなさを感じてプロの場へ戻った方もいる。だが、それはそれでいいと思っている。

今ではすっかり定着した日替わりメニューだが、ここに落ちつくまでにはそれぞれの歴史があった。

例えば木曜日。はじめは、おにぎり2個と豚汁、煮物と漬物、果物などで「おにぎりセット」として売り出した。このチームに料理名人の宮本理麻さんがお手伝いに入った時、「さくら茶屋は中華風がないから中華をメインに出したらどうかしら？」と提案があった。おにぎりセットは売上もイマイチだったことから、「それもいい考えね」とチーム全員が賛成してメニューを変更することに。タンメンを主として、豚肉をミンチしてつくるシュウマイと唐揚げをつけて、おにぎりの替わりにチマキをひとつつけた。中華風ランチの完成である。そこに甘味として長谷川恵美子さんの手づくり羊羹《ようかん》がつく。中華風ランチにはファンも多く、売りあげも好調である。チマキやシュウマイ、唐揚げもおいしいと評判を呼び、それを目当てに買いに来る人もいるほどだ。

10年間、お客さんの声を聞いたり、売りあげが不調の場合はその原因を考えたり、研究と工夫を重ねながらやってきて、私たちも少しは料理人らしくなれただろうか。

もうひとつの秘訣《ひけつ》は、ボランティアの「曜日担当リーダー制」だろう。

参加しているメンバーの目的や心意気はさまざまだが、心はあたたか、個性も豊か。シフト希望のほか、こだわりや好みも多様だが、参加しているみんなが楽しい場所であるようにという思いは共通している。

そのためにリーダーはスタッフの話をよく聞いて、それぞれの状況を把握するようにしている。話し合うことで、問題の半分は解決してしまうこともあるからだ。曜日だけでは解決しない問題は、事務局や運営委員会などで議題にあげ（143頁参照）、スタッフの皆で話し合う。話し合うことで誰も孤立させないよう心がけていることも、長続きのコツだろうと思う。

ただ、こんな困りごともある。曜日制で当番を回しているので、調味料や食器類、鍋や釜の置き場所が変わってしまうことがあるのだ。「元の場所に戻す」ことを徹底しているのだが、みんな家庭での癖が出てしまうのか、これがなかなか難しい。最近は、「いつも新しい気持ちでいいわ」と言いながら探していることが多い。人を責めない、楽天的に考えて前に進むことが大切だと思っている。

曜日ごとの人気のメニューを紹介しよう。ランチは20食から30食ほど用意して、売り切れ次第終了、あとはカフェタイムとなる。

月曜日（オムライス）

ふんわりトローリでおいしいオムライスが評判。若いママたちから人気がある。また、「若い頃は子どもにつくったけれど、今はもうつくらなくなったわ」という高齢の方も、懐かしんで召しあがっている。

火曜日（アナゴ天丼）

地産地消をめざして、全国屈指のプライド・フィッシュでもある小柴《こしば》の漁師、斉田芳之さんから仕入れたアナゴを揚げたアナゴ

月曜のオムライス（600円）

火曜のアナゴ天丼（900円）

天丼。自家製のタレも好評だ。火曜日常連の山口さんは言う。「新鮮な食材・味つけ、数種類の箸休めがおいしい。その上リーズナブルな価格設定、肩ひじ張らない接客。これだから、いつも来てしまうんですよ」。

水曜日（松花堂弁当）

大人気の松花堂弁当。ある時、その多彩さに食材を数えてみたら、約20種類あまり入っていた。スタッフの工夫と情熱が込められた栄養バランスの取れた弁当は、根強い人気があり、心待ちにしている人も多い。

木曜日（中華の日）

セットメニューはタンメンとシュウマイとチマキ。笹の葉で包んだもち米のチマキはファンも多い。ひと手間かけて店内でミンチにした豚肉を練りあげたシュウマイはおいしいと評判だ。

金曜日（週替わり）

1週と3週が小柴のアナゴちらし寿司、2週はラーメン、4週

木曜のタンメンセット（600円）

水曜の松花堂弁当（700円）

はビーフン。週替わりでバラエティに富んでいる。ちらし寿司をつくる機会の少なくなった家庭に喜ばれている。ラーメンやビーフンの味にほれ込んで、この日をねらって食べに来るファンもいるほど。

✿土曜日（炊き込みご飯）

春はタケノコご飯、夏はトウモロコシご飯、秋は栗ご飯など、季節の炊き込みごはんを用意。松茸ご飯はちょっと手が出せないが、シメジご飯がそれに負けない味でお客さまを魅了する。ごはんに合わせて工夫、考案された副菜も好評だ。

それぞれの曜日にお得意様もついて、どの曜日もプライドを持って、チーム一丸となって楽しく活動にいそしんでいる。

②安心・安全、安くてうまいお惣菜

コンビニもない西柴団地の中に、「惣菜のお店がほしい」。事前アンケートの中でも指折りの要望でもあり、開店初日から用意

土曜の炊き込みご飯御膳（600円）

金曜の西柴ラーメン（600円）

をして売り出した。切り干し大根の煮物、筑前煮、ポテトサラダ、ひじきの煮物、煮豆など。小さなカップに入れて、100円惣菜として店頭に並べた。

ご夫婦ふたりで小鉢に入れて食べれば、丁度いい量である。添加物を入れずにつくっているので、売る側としても、一日で食べきってもらえる安心がある。

多くのお客さんから、「家族が少なくなって、自分でつくらなくなった惣菜が食べられてうれしい」「スーパーやコンビニの惣菜は味が濃いし、添加物も心配。家庭と同じ優しい味でおいしい」「食卓の副菜として、彩りを添えてくれている」などの声が届く。子ども連れの家族も買いに来るようになり、購買層の幅を広げている。

私たちスタッフもだんだんとスキルがあがり、各曜日の献立でつくるものを少し多めに、例えば、各種天ぷらや唐揚げの詰め合わせ、シュウマイ6個入り、お稲荷さん3個セット、ちらし寿司などを200円から500円で売るようになった。ランチの準備のついでにつくるので、これならあまり負担を感じず、売上アップにつながっている。

たくさん売りあげたからといっても、そこはボランティア。自分たちの懐があたたかくなるわけではないのだが、よく売れるとうれしいし、士気もあがる。売れないと気落ちする。何となく、商売の面白さをつかんできた10年だと言える。

5 「おいしいね」からはじまる関係づくり

さくら茶屋にししば理事長　岡本溢子

(1)「食」で人と人をつなぐ

① ボランティアだからできた柔軟なサービス

さくら茶屋は「お客さまとスタッフの壁がない」とよく言われる。

お客さまが片づけの手伝いをしてくれたり、スタッフが食事中の親に代わって子どもの面倒をみていたり。「めだかの学校」の「誰が生徒か先生か」というフレーズは、まさにさくら茶屋の店内風景だ。

スタッフに話を聞くと、「いつの間にか『いらっしゃいませ』『ありがとうございます』がスムーズに言えるようになった」とあったが、本当にその通り。はじめは気恥ずかしくて、何となく抵抗があった挨拶も、今では板についたものだ。

さくら茶屋を訪れる多くのお客さまが、「店内が明るい雰囲気で皆さんがとても楽しそう」と言ってくださる。スタッフが生きがいを持って、溌剌《はつらつ》と働いている姿がそう言わせるのだろう。

スタッフは70代以上が多い。その人たちこそが、さくら茶屋の花形なのだ。その声をいくつかご紹介しよう。

「ボランティアはお薬より効く」「生活に張りがある」「やりがいや生きがいを感じる」「人とのつながりができてうれしい」「スタッフ同志の会話がはずみ楽しい」「1週間に1回来るのが楽しみ」「元気をもらえる」「仲間がいる」「ボランティアだからいつ辞めてもいいよと言われてその気軽さで10年続いた」「けじめがあり、人との楽しい会話あり、身体を動かし緊張し神経も使う、自分のためになることをして人に喜ばれ、感謝される。こちらこそ感謝なのに」

共通して言えることは「楽しい」ということだ。だからこそ、さくら茶屋は親しみやすい、お客さまとフラットな関係が築けたのではないだろうか。

お客さまの要望に合わせた柔軟性もさくら茶屋の魅力のひとつだ。

「一人前のお弁当は食べきれないから、できたら小さな弁当をつくってほしい」「エビの天ぷらを5本だけ買いたい」「おにぎりを食べたい」「チマキだけ売ってほしい」「ノンアルコールビールを置いてほしい」などなど、できることはお客さまの要望を取り入れてきた。この柔軟性も10年も続いてきた秘訣と言えるだろう。

OK!

あっ、大丈夫ですよ

さくら茶屋の基本は、お客さんの意見や考え、悩みなどを素直に聞くことにある。だってコミュニティカフェだから、儲《もう》け第一主義でやっているわけではない。街のお客さんが喜んでくれればうれしい。この街で支えあって生きていきたいと願っている。

このような気持ちを、折りに触れてスタッフ同士で話し合ってきた。10年も続けていると、自然にその考えが身につき、ちょっとしたお客さんの要望にも「あっ、大丈夫ですよ。そのくらいできますよ」と気軽に対応できるようになった。

特にチームリーダーがそんな対応をすると、みんなも自然とそうなる。チームリーダーも、月2回の会議の中で話し合いを重ねて育っていくのだ。

②「食」が人と人をつなぐ

さくら茶屋の主たる事業は「食の提供」である。コミュニティカフェを運営してきて、「食」が人と人を結びつける大きなツールであることを改めて感じている。

さくら茶屋の店内は狭く、混雑時はどうしても相席となる。店内にはスタッフも行き来していて、料理を介してお客さま同士、お客さまとスタッフ、あちこちで会話がはずみ、笑いが生まれている。「これおいしいわね、調理法は?」、「これだと苦手なものも食べられるね」などなど。見知らぬお客さま同士でも自然と会話がはじまり、打ち解けた雰囲気が生まれる。茶屋の常連さんが新顔のお客さんにメニューの解説をしている場面もありほほえましい。

西柴夜話「落語」

「大家族食堂（さくら食堂）」（118頁）をはじめとして、「西柴夜話」（90頁）、「先《ま》ず飲もう会」（94頁）、「女子会」（95頁）、「げんきライフ」（125頁）などさくら茶屋が開催するイベントでは、常にスタッフの手づくり料理が提供される。料理をつくる人は、希望者を募って3交代の当番制にして、特定の人にあまり負担がかからないようにしている。同じテーブルを囲むと、自然と会話がはずむ。大皿料理を取り分け合ったり、食の好みを話し合ったり。話題は尽きない。笑顔が生まれ、場が和やかになるのだ。互いに盛りあがり、「今度、一緒にお出かけしましょう」ということもある。

育児サロン後に「さくら茶屋」でティータイム

時々団体の予約が入る。さくらカフェでの幼稚園ママたちの懇親会。クラスごとに10人、15人で700円ぐらいの予算で、ゆっくりと食事やおしゃべりを楽しむ。小さい子がいても、子どもの遊び場があるので大丈夫。アレルギーにも配慮できる。先輩ママが「さくら茶屋でやるといいよ」と後輩ママに伝えてくれるので、私たちもやりがいを感じる。そして大きくなった子どもたちは、次は友だちと大家族食堂に来る。食が人をつなぐことを実感する。

高齢者の趣味や同好会の集まりの宴会も依頼される。グランドゴルフ、自治会の役員の反省会、ハモニカグループ、老人会の集まりなど。時にはアルコールも入って皆さん楽しそう。地域のＮＰＯとして、孤立しがちな高齢者やひとり暮らしの方を食を通して支えていきたい。

（2）人の流れは商店街にも

さくら茶屋をはじめる時に、商店街の皆さんに集まってもらい、さくら茶屋のやろうとしていることを説明した。全員がいい顔をしたわけではない。私たちはボランティアでやるので飲食料金を安くできる。飲食店は自分たちのお客さんが取られるのではないかと心配するのも当然だ。しかし、その時、私たちは「商店街にお店が増えれば、人通りが増えて、結果的にお互いの利益になる」と話して、理解してもらうようにつとめた。

10年経った今、寂しかった商店街が少し活気づき、人出も多くなった。

私たちスタッフも商店街のお店で買い物するようになった。お客さまにも「隣の八百屋さんはお花も鮮度がいいですよ」「お肉屋さんのお肉は少し高いけれど、とてもおいしいですよ」「あのケーキ屋さんは有名ですよ」など、よく紹介している。すると「薦めてもらってよかった。いつもここで買うようにするわ」という常連さんも増えてきた。また、さくらカフェができたことで、それまで商店街に来たことがなかった若い人も利用するようになった。見学に来られた団体さんにも宣伝している。品物がいいので、リピーターになってくれるお客さまもいる。商店街を利用する購買層の幅が広がったと言えるだろう。

八百屋のおじさんが「さくら茶屋ができて本当によかった。買う買わないはともかく人が通らないとだめだもの。人通りが多くなったことがうれしい」と言われる。新型コロナによる休業要請でさくら茶屋を2ヵ月半休んでいた間も、「いつからやるの？ 早くオープンしてくれるとうれしいよ」と心待ちにしてくれた商店街の皆さんに、いつも感謝している。

さくら茶屋の応援団

　さくら茶屋にはたくさんの応援団がいる。

　それはさくら茶屋を見てもらうと一目瞭然。ご寄付品、お志で溢れている。まだ二次審査が通るかどうかわからない時期。近くの中華料理屋さんが「店を閉めるので、何か使えそうなものがあったらどうぞ」と言われ、6人ほどで食器や椅子などを取りにいった。運悪くこの日は土砂降りだった。閉店作業の進む中、私たちは食器類を段ボールに詰め、椅子を運び出し、びしょ濡れになりながら車に積み込んだ。がっしりとして座り心地もよい緑の椅子が8脚。コーヒーカップ、お皿、お椀などがお揃《そろ》いであったので、開店時あまりものを買わずにスタートすることができた。時々、「あの時の雨はすごかったわね」と10年前に行動を共にした仲間みなで共感する。

　その他、家仕舞いをする方のコレクションの食器。裁縫自慢のお客さまが縫ってくださったソファのカバーなどなど。

　お客さまとしてお茶を飲みながら、「このカバーは私が縫ったんだよ」「このお皿を買った時はね」と話に花が咲く時間も、さくら茶屋の大切なひとコマだ。

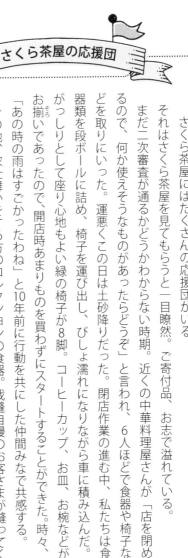

2章

必要！やりたい!!
即実行

1 広がるさくら茶屋の活動

さくら茶屋にししば副理事長　炭竃《すみかま》美枝

(1) 住民の協力で増え続けた事業

① 高齢者支援事業

●「ほっとサロン」の活動

さくら茶屋は、地域でボランティア活動していた立ちあげメンバーの「いつでも、誰でも、自由に集える場所がほしい」という願いのもとに、スタッフの大月美登里さんが中心となって「ほっとサロン」の活動がスタートした。

さくら茶屋に来るお客さまは、高齢の方、ひとり暮らしの方も多いので、なるべくお客さまと対話をするように心がけていたが、その中で、特に心に残ったのが介護をしている人の苦労話である。各地で「介護者の集い」が開かれていたが、西柴団地は地域ケアプラザも遠く、金沢区社会福祉協議会からも区役所からも遠い。しかも坂を下っていかなければならないし、当然帰りは上り坂になる。自宅介護をしながら、家を3、4時間空けることは不可能に近い。歩いて行ける距離にあることが必要なのだと痛感した。しかし、「さくら茶屋で楽しく食事しているのに、うんちやおしっこの話はできないわ」という声もあった。

そんな時、商店街にあるアキ薬局の関口さんが、「うちのお店の奥が開いているから、よかったら使って」と申し出てくれた。ちょうど認知症予防に関する助成金（製薬会社のエーザイなどが進める街づくり拠点事業）を受けることができたので、2011年6月、アキ薬局の奥に「ほっとサロン」を誕生させた。

ほっとサロンでの活動は多岐にわたる。地域住民の願いやつぶやきを丁寧にひろい、ひとつずつ実現してきた。5年間にわたって活動場所を提供くださったアキさんに、改めて感謝の気持ちを伝えたい。アキ薬局が2016年6月に閉店してからは、主にさくらカフェで活動している。

◎介護者の集い（月1回、第1水曜日）

「同じ悩みを持った人や介護を卒業した人の話を聞いてみたい」という声に応えて、ほっとサロンで開催した「介護者の集い」は介護する方の心の寄り所になった。1ヵ月に1回の開催だが、参加された方は、日頃の思いを思いきり吐き出して、「これでまた、

1ヵ月がんばれる」と言って帰られる。私たちはできるだけ丁寧にお話を聞くように心がけた。しかし、「家のことを公の場で話したくない」という方も多く、日頃の人間関係ができていないと参加してもらうのは難しいという課題は残っている（2016年6月より「おしゃべりカフェ」に合流）。

◎**折り紙教室**（月1回、第1月曜日）

「認知症予防学習会」（2011年6月、能見台《のうけんだい》地域包括支援センターと協力）で、①手先を使うこと ②多くの人とおしゃべりをすること ③運動をすることの3点を学んだ。手先を使うには折り紙が一番ということで、2011年9月から折り紙教室を開いた。先生は折り紙の得意な2人のスタッフが担当し、15人ほどで折り紙を楽しんでいる。終了後は一緒に食事をして、楽しいひと時を過ごす方もいる。

◎**眉毛カット**（月1回、第4月曜日）

お顔そりエステサロンエア（能見台通り）の鈴木美穂さんが、店の休みに出張してボランティアに来てくれる。8年目の今はお客さんが定着し、この場だけに集う「女子会」ができた。

◎**おしゃべりカフェ**（月1回、第3水曜日）

介護者に限らず、いろいろな人が気軽におしゃべりできる場所。特にテーマは決めず、日ごろの悩みや相談事を気軽に話せる場になっている。行政書士の谷口一郎さんの参加もあり、成年後見制度や相続についての相談も受けている。

◎ぼたんの会（月1回）

認知症予防について学びたいという声を受けて、「ぼたんの会」と命名し、2011年10月から活動してきた。認知症予防のための脳トレ（脳を活性化させるミニゲーム）、体操、歌、そしておいしいケーキと紅茶でおしゃべりも楽しむなど、活動内容は多様だ。年に1、2回、歴史的遺跡や建物の散策で心を癒《いや》し、パンやビール、石けん工場などの見学で好奇心を刺激していた。認知症予防の活動から仲間づくりにつながり、道で会っての立ち話や困った時の相談など、互いを思いやり、助け合うことができるようになっていた（2019年3月閉会）。

●認知症カフェ・オレンジデー（月1回、第2日曜日）

2015年5月から「認知症カフェ・オレンジデー」を開催している。オレンジデーは認知症の当事者と介護にあたる家族に、「ゆったりした時間」「ゆったりできる場所」を提供する日。

きっかけは、岡本理事長が認知症の人と家族の会主催の講演会（地域でたくさんの居場所を～認知症カフェの取り組み、2014年7月）に参加して、地域の中に「認知症カフェ」が必要だと感じたこと。認知症の方の家族から相談を受けたり、認知症の方を保護することがあり、その思いを強くした。西柴団地自治会も「認知症カフェ」に興味を示してくれ、区福祉保健センター、区社会福祉協議会、地域包括支援センター、民生委員、「かなざわささえ隊」などと協力している。

認知症カフェ・オレンジデーで大切にしているのは、当事者が自然な感じでおしゃべりできる時間。つらいこと、心配なこと、気持ちが落ち込むことなど、互いに出し合い、聴き合っている。家族は別のテーブルで話し合う。そこで出た話は外部には漏らさないという原則も了解している。

また年に1回、講演会を企画し、認知症の専門医、家族会の方、認知症サポーターの方

認知症カフェ・オレンジデーの様子

などのお話を聞いている。

参加した人たちの声を紹介する。

当事者の方からは「家ではあまり話す相手がいないので、ここに来るのが楽しみ」「心配事をみんなに相談でき、いろいろ話し合えたことで、心が少し落ちついた」など。

介護する家族の方からは「介護の苦労話を話し、介護者同志で共感できた。アドバイスが参考になった」「介護保険の内容、かかりつけ医、施設などいろいろな情報が得られる」「認知症の診断を受けた親への対応に苦しむ気持ちを話せた。こんな世界があったんですね」などなど。

② 買い物などの生活支援

私たちの住む金沢区は坂道が多い。街を走る自転車の多くは電動アシストつきだ。だから高齢者にとって日常の「買い物」は大変な日課となる。

さくら茶屋をオープンして半年過ぎた頃、横浜市が「高齢者等の買い物サポート」を受託する団体を探しているという情報が入った。国の「雇用再生事業」の一環という。従事者には賃金も支払うというので、それならと開始することにした（2011年5月）。1日

2人体制で、買い物の代行だけでなく、公共料金の支払いや郵便物の投函や受け取り、照明器具の交換など簡単な生活支援もおこなったことから、大変重宝がられ30人ほどの利用者が登録、1日6、7件のサポートをおこなった。

ところが、次年度は国の補助制度が終了し、横浜市からの助成が打ち切られてしまった。しかし頼りにされていた方々に「助成が打ち切られたので中止します」と切り出すのは難しかった。そこで私たちのサービス以外に手段がない方に絞って、サービス対応時間と従事者を大幅に削減して継続することにした（2012年4月）。

買い物の有無を前日までに確認し、当日注文書を受け取り、買い物をして届けて精算、それで手数料は300円。売り切れた商品があると他の店で探したり、商品の情報を電話で知らせたりと丁寧に対応している。安否確認で家族やケアプラザなどに連絡することもある。この事業は採算がとれるものではなく、さくら茶屋からの持ち出しになる事業のひとつだ。現在は、区社会福祉協議会から一部援助を受けながら可能な範囲で継続している。

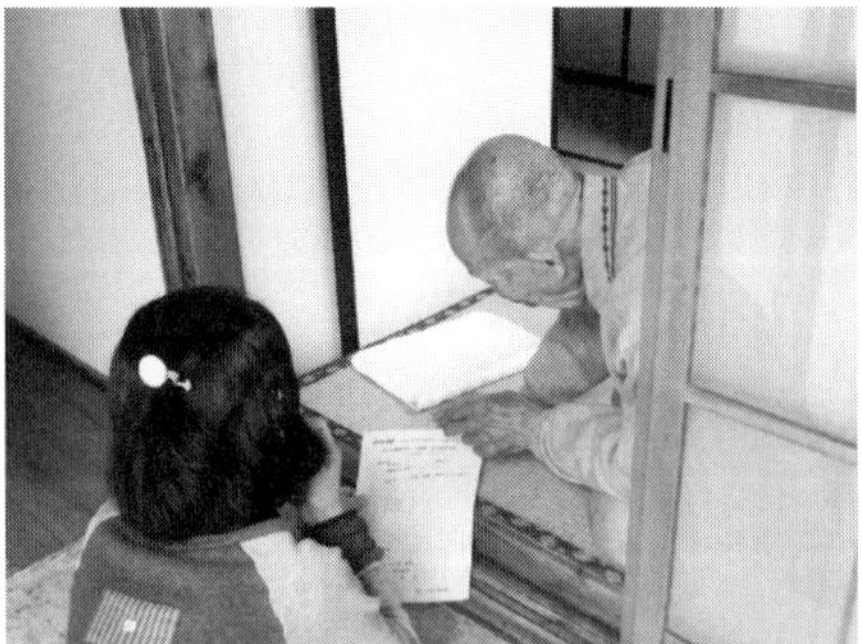

買い物支援

③ 健康づくり

●「さくら体操」（月1回、第1金曜日）

高齢者でも気軽にできる運動「さくら体操」として9年間続いている。折りたたみ椅子に座って、手・足・腰などをまんべんなく動かす。後半はゴムボールやセラバンド（ゴム製のトレーニング道具）を使う。参加者から「体操をするとさわやかな気分になれる」「先生の手足の動かし方や効用の説明がわかりやすい」と人気だ。家でも無理なくやれる体操だが、家に帰ると内容を忘れてしまい、翌月また参加するというが、そのお出かけが健康づくりに貢献している。

●ポールウォーキング（毎週土曜日）

「ポールウォーキング」はスキーのストックに似た専用ポールを持って、みんなでおしゃべりしながら外を歩く健康ウォーキング。膝や腰への負担が軽減され、年齢を問わず誰でも楽しめる。

これはひとりのスタッフの提案からはじまった。用具や講習会などの費用は、横浜市の街づくりセーフティネット推進事業の補助制度を利用した。最初の講習会には50人ほどが参加。その後はコーチ講習を受けた10人ほどが中心となって、定例の「ウォーキング体験会」を実施し、現在も続いている。

歩くのは10コースほど。「こんな近道があったのね」「咲いている花で季節を感じることができる」「みんなと歩いていると意外と長い距離が歩けて自信になる」など、それぞれに楽しさを見つけて参加している。活動は西柴にとどまらず、「首都圏の七福神巡り」「東海道宿場めぐり」や銚子や伊豆方面まで遠出するウォーキングもおこなわれるようになった。

健康づくり「ポールウォーキング」

(2) 子どもは地域の宝

① 子どもイベント

子どもイベント担当　平林美玲《みれい》

「子どもたちがみんなで楽しめるパーティーをやったらいいいと思うの。みんなでやると楽しいじゃない？　子どもたちに日本の伝統行事も知ってもらいたいし」。

そんな岡本理事長の呼びかけで子どもイベントははじまった。

「手づくりのおやつはスタッフで用意するから、ママさんたちは、子どもたちが楽しめるパーティーの内容を考えてくれないかしら？　スタッフが考えるより、ママさんたちが考えた方が子どもたちのことよくわかっているだろうし」。

最初は戸惑《とまど》っていた子育て中のスタッフも、ひなまつりにちらし寿司を食べ、子どもの日に柏餅《かしわもち》を食べる、そんな当たり前の風景も少しずつ家庭の中から消えていくのを肌で感じていた。ひとりでは無理でもみんなと一緒ならできるような気がしてきて、気がつけば、こうしよう！　ああしよう！　と企画話に花が咲いて盛りあがっていた。楽しい企画を考えてくれるパーティー好きな人、デコレーションが得意な人、絵本の読み聞かせをする人、子ども同士のトラブルをそっと見守ってサポートしてくれる人、工作をサポートしてくれる人、その時々で、たくさんのママが自分の子だけでなく、そこにいる子どもたちのために臨機応変に力を貸してくれた。それぞれが素晴らしい才能を秘めていた。

子どもイベントは、ひなまつり、子どもの日、七夕、ハロウィン（113頁参照）、クリスマスの年間5回開催することになった。子どもたちは、学校でも、習い事でも、仲良しグループだけでもない、未就園児から小学校高学年までの仲間でイベントの時間を過ごす。現代では失われがちな子どもの縦のつながりを取り戻せたように思う。

毎回パーティーをスムーズに運営できるのも、季節に合わせた手づくりのおやつを担当してくれるさくら茶屋のスタッフのおかげだ。しかしそれでも一筋縄にはいかなかった。平成生まれ、洋食育ちの子どもたちは、慣れない伝統食に「食べられない！」と、せっかくつくったちらし寿司や、柏餅のほとんどが残ってしまったこともあった。そんな時はママたちで話し合い、季節の行事をやる意味、子どもたちに伝統を伝える意味を確認し、あえてそのまま伝統のおやつを用意してもらうことにした。食べられない子には、「無

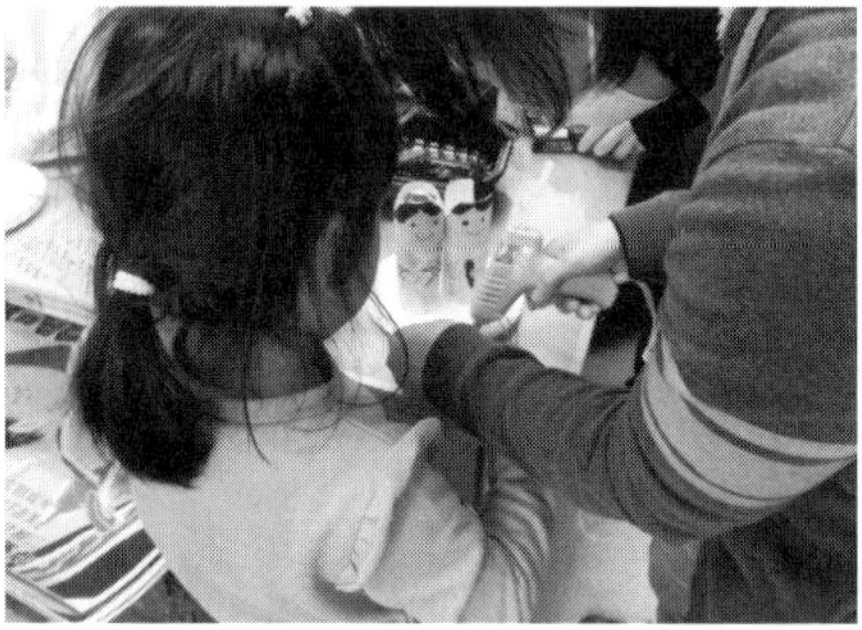

ひなまつり

子どもの日

理して食べなくてもいいよ。おうちに持って帰ってご家族にあげてね」と声をかけ、毎年懲《こ》りずに出し続けた。

　そうこうして数年が経つと、食べられなかった子が食べられるようになり、むしろ好きになったことを誇らしげに報告してくれるようになった。家庭では、子どもが苦手なものはつくらなくなるが、それは、「気がつけば食べられるようになった」という子どもにとって自信につながる経験を奪ってしまう。子どもは成長し、変化する。右往左往せずに継続することの大切さにも改めて気づかされた。

七夕

クリスマス

　子どもイベントは子育て中のママたちで運営してきた。子どもが体調を崩すこともあれば、自分の調子が悪い時もある。だからこそ、「誰かが来られなくても大丈夫、だけど一緒にやれたらもっと楽しい」。代打が可能な、ゆる〜い関係を心がけてやってきた。

子どもイベントがはじまって10年。自分ができること、得意なことで力を出し合ってやってきたママたちも、子どもの成長と共に仕事をはじめたり、生活環境にも変化が出てきた。けれど、これだけ続ければもうイベントのプロ。得意なことを分担し合い、幅広い年齢層の子どもたちにも臨機応変に対応できるようになっていた。

スタッフの子どもたちも小学校を卒業となり、イベントからも卒業となる頃、予想していなかったことが起きた。

工作

読み聞かせ

「絵本の読み聞かせやってみようかな」とつぶやいた本が大好きな子。みんなでやるゲームを企画したい！と言って、ゲームに必要なものを家でつくってくれた子。それを見て、自分も何か手伝いたい！とできることを探してくれる子。

気がつけば、高学年の子どもが司会をやり、自主的にイベントを仕切り、小さい子たちにも心を配りながら、最後までやりきってくれた。小さな子たちは、いつかは自分も、と憧れの眼差しを向けている。一皮むけて大きく成長した子どもたちの姿がそこにあった。

② みんなで支えあおう！子育てを

さくらカフェでは、小学校のママたちが子どもの悩みを話し合っていることも多い。

「うちの子、学校に行きたがらないの。このまま不登校になってしまうのかしら」「学校に行っても教室に入れないの、私から離れられなくて」「落ちつきがなくて

発達凸凹児　親の会

じっと座っていられないの」など、聞こえてくる話は深刻で、お母さんたちの心配も尽きないようであった。

それらを何となく聞いているうちに、「悩みを思いっきり話す会」をつくったらどうかと思った理事長は、お母さんたちの話を親身に聞いていた飯田万里さんに提案してみた。

そうして「私の経験が誰かの役に立つなら」と積極的に動いてくれた万里さんを中心メンバーに、２０１５年4月「発達凸凹児　親の会」が立ちあがった。万里さんのお子さんも小学校に入学してからの2年間、親のつき添いがなくては学校に行けなかった。お子さんの成長を誰よりも身近で見守り続けた母の声は、この「凸凹の会」の精神を表している。

さくら茶屋と私

自分だけではない

飯田万里さん／発達凸凹児　親の会

小学校に入学した娘は不安が強く、登校にもカリキュラムにもパニックを起こすことがしばしばありました。

カウンセリングや医療機関へ行っても診断はつかず、具体的な解決策は得られない。学校以外では元気に活動しているため、周囲の理解も得られない。本当に孤独で、八方塞《ふさ》がりの毎日でした。

そんな中、同じ悩みを抱えるママたちと出会い、お話しているうちに、「自分だけではないのだ」と、とても気持ちが軽くなり、希望が持てました。

そのママたちと「さくらカフェ」で定期的にお茶をしていたある時、岡本さんから「場所は提供するから、気軽に誰でも参加できる会を立ちあげて、定期的に開催してみては？」とご提案いただき、「発達凸凹児　親の会」が発足しました。

はじめてみると、その反響は予想以上。多い時は20人以上の参加があり、悩みを分かち合い、情報交換ができるとても有意義な会となったのです。「こういう場所があってよかった」の声を原動力に続けていくうちに、自分の悩みに囚《とら》われ、ゆううつな毎日を過ごしていた自分が、誰かのために、と行動できるようになっていました。

大変だった経験を単なる苦労で終わらせるのではなく、誰かの役に立つためのツールに変える。それができたのも、さくら茶屋との縁のおかげだと思っています。

発足から6年たち、今では母も子も、ひと段落したメンバーも多い。万里さんのお子さんも今では中学生になった。万里さんは自身の経験を活かし、今でも中心メンバーとして活躍してくれている。「発達凸凹児　親の会」は、現在「特定非営利活動法人CIRCLE」と協力して2ヵ月に1回、さくらカフェで開催している。

③働く親を地域でサポート・朝塾（朝の学童保育）

朝塾担当　**石渡なをみ・竹内一美・玉井洋子**

学校にあがった子ども持つ働く親は、子どもより先に出勤するのは心配でせつないものだ。保育園は朝早くから子どもを見てくれるが、学校にあがるとそうはいかない。俗にいう小1の壁だ。

「朝の学童保育をしたら、子どもも親も安心できていいんじゃないかしら」。元教師である岡本理事長の呼びかけに、近所に住む5人の元教師が集まった。「冬の寒い日の

朝塾

朝なんかかわいそうだった。危ないと思って、先に出る時に暖房をみんな切っていったもの」と40年前の自らの思い出を語る。

ただ預かるだけではなく子どもの成長にも関わりたいと、学習面と生活面を共に学べるような場づくりを考えた。学校がある日は毎日、朝の30分間なので多くのことはできないが、子どもの声に耳を傾け、朝元気に登校できるように支援を続けた。対象は小学生で学年はさまざま。学習に関しては各自が用意したドリルや教科書を学び、宿題ができていなければこの場でしあげた。塾生が多い時は複数対応で、2、3人の時はひとり対応とし、子どもに応じた指導をしてきた（利用料は1ヵ月5000円）。

しかし、開塾から10年が過ぎ、時代の流れに即応しない指導になってしまうことへの不安もあり、2020年3月をもって閉塾を決意した。新しくさくらカフェで知り合いになった働くママたちの子どもが学齢期を迎え、「朝塾をやってほしい」という声も聞こえてくるが、指導者の問題もあり今のところ難しい。これからは子どもたちの見守りという形で地域と関わっていきたい。

みんなの声

子どもたちの声

「朝早いと学校の門が開いていないから、ここに来てよかった」「友だちと一緒に学校に行けてよかった」「なわとびができて楽しかった」「算数を覚えたから困らなくなった」「順番に本を読んで楽しかった」「ママ、パパに休まないでえらいと言われた」。

親の声

「本人がひとりで登校することを不安に思っていたが、朝塾の仲間と登校できて安心した」「登校まできょうだいだけで過ごさせたら失敗が続いていたので、朝塾に入れてほっとした」。

朝塾の教師たちの声

「朝塾で宿題を済ませて登校するとほっとする」「時間不足でつまずきをしっかり指導できずにもどかしい時があった」「卒業後、顔を出して中学の様子など話してくれるとうれしくなる」「受験用の難問を一緒に勉強し、頭の体操になった」。

2 地域には達人がいっぱい

さくら茶屋にししば事務局長　阿部茂男

さくら茶屋では多くの定例イベントや教室、各種のサービス事業をおこなっている。今では20以上の企画で、そのほとんどは何年間も継続して実施している。これにはもちろんそれを運営する指導者やスタッフが必要だ。催し物に限らず、施設の修理や増設、お客さまの送迎はできる人が臨機応変にやり、企画運営などは、事務局や運営会議で話し合い即実行にうつす。さらに一部の人に負担がかかりすぎないように、技術者や知恵者など多くの協力者を常に求めている。

そこで重要なのは達人の発掘だ。幸いさくら茶屋のアンテナは高性能だ。何十年と地域でボランティア活動に携わってきた瀬川常子さんなどは、どこにどんな家族が住んでいて、その方はどんな特技を持っているのかなんてこともほぼつかんでいる。岡本さんの声かけも「名人芸」と言えるほどで、「ボランティア参加はこの人のためになる」と信じて躊躇《ちゅうちょ》なく行動する。飯田益美さんや他のメンバーも例外ではない。だから地域の達人を見つけるのはそう難しくない。

お店開店の際の日曜大工やテラスの塗装職人、裁縫の名手などのボランティアはすぐ見つかった。趣味の教室の先生、茶道の先生、レンタルボックスの出展者など、次々と協力者を獲得してきた。しかしそれでも限界がある。さらに協力者を広げたのが、全世帯対象の地域アンケートだ。この10年間で3度実施したが、「習いたいこと・教えたいこと・協力できること」を募ると毎回必ず20人前後は応えてくれた。「企画運営や朗読なら」「調理に興味あります」「できることならなんでも…」という反応、これには事務局も驚きだ。地域にはいろんな達人がいっぱいいる。多くのチャンネルが存在することを改めて実感している。さらに、お店に来るお客さんの中に達人はいないか、スタッフとしてお手伝い願える人がいないかなど、アンテナはいつでも張っている。その結果、次々と茶屋主催の催し物が誕生していった。

(1) 趣味の教室、特技を生かしたボランティア

◎ 鎌倉彫・アートフラワー・英会話・アロマテラピー教室（それぞれ毎月1回）

開店前のアンケートでは「教えたい」と16人の方が答えてくれた。そのうち4つの教室が具体化。材料費などは実費をいただくが、先生はすべて無償のボランティアで、英

会話ではスコットランド出身の方が手をあげてくれた。講師の転居などで中止したものもあるが、10年経過した今も続いている教室がある。

◎**抹茶を楽しむ**（毎月第2、第4木曜日）

抹茶をおいしくいただく時間。表千家教授者の田中宗美《そうび》先生が季節の手づくりの和菓子を持参してお茶をたててくださる（お茶と和菓子セットで350円）。ファンも多く楽しみに待っている方も多い。

◎**さくら句会**（毎月1回、第3金曜日）

俳句の好きな人、俳句をつくってみたい人などから希望があり、広報紙で参加者を募ったところ、14人が集まり句会を開いている。長年俳句をつくり、朝日俳壇に掲載されたことのある原徹さんが地域に住んでいて、気持ちよく教えていただいている。

◎**健康マッサージや整体**（随時）

自分の特技を地域で生かしたいと思っている方に、「できる期間だけ」と声をかけて実現したのがマッサージや整体。西柴に来る時期だけ、出産までの間とさまざまだが、気軽に利用できる機会がつくれた。

◎ **包丁研《と》ぎ**（月2回）

引退後は地域のボランティアとして関わりたいと申し出てくれた研ぎ師の宮野吉博さん。料金は1丁あたり400円。さくら茶屋の店頭で実演することもあり、道行く人にさくら茶屋の活動の一端を示してくれている。

◎ **麻雀スクール**（毎月2回、第2金曜、第4火曜）

寄付された麻雀パイを生かそうと講師を募ったら5人が手をあげてくれた。検討会を開いてルールなどを定め、生徒を募集。用具などの準備もあり3卓ではじめたが、老化防止によいと人気で、増卓も検討中だ。

◎ **アートギャラリー**（随時）

店内の壁面利用で絵画や写真、絵手紙や書なども展示している。地域の方々の文化・芸術活動の発表の場となっている。作品の展示期間は2週間をめどに、地域の多くの方に声をかけながら運営している。展示料は無料である。

包丁研ぎ

◎レンタルボックス（小箱ショップ）

地域の腕自慢の作品を販売しようと、店内に小箱を24個つくり、棚貸しをして作品を販売している（小箱の利用料は月々2000円）。当初は新鮮さもあって洋服などもよく売れたが、アクセサリーや洋服などは2巡ぐらいすると売れなくなった。パンや和菓子などの食べ物類は恒常的に売れる。また、コロナ禍で手づくりマスクがよく売れた。

80歳から出品されているご婦人（現在87歳）は、創作意欲に火がついて、見事な刺繍《ししゅう》を施した手提げ袋がよく売れ、ますます元気になられた。母親の生き生きとした姿を見た娘さんに感謝されている。

レンタルボックス

人や場所を探すには？

さくら茶屋を見学に来られる方からよく出る質問をQ&Aにまとめて紹介します。

Q 地域の達人を探すにはどうしたらいいでしょうか？

A オープンにして、広く声をかけるといいですよ。自分ひとりでは知っている人も限られるけれど、「折り紙教室をやりたいけれど、誰か得意な人を知らない？」などと呼びかけると、友達の知り合いというような感じで見つかることがあります。また、多くの地域には、地域の人の特技や得意なことを集めた「町の先生」などの名簿があるので、役所やボランティアセンターなどに聞いてみたらどうでしょう。自分のできることで「人の役に立ちたい」と思っている人は必ずいます。

Q 場所の確保はどうすればいいですか？

A 最初からきちんとしようと思わずに、例えば、自宅を週に1回開放してとか、公共的な施設（ケアプラザや地区センターなど）を借りてやってみるのがいいと思います。まずは、「一歩踏み出して」みたらどうでしょうか。

Q どうしたら10年も教室が続くのですか？

A アロマテラピー教室の講師・崎原美佐緒さんに聞きました。

「開始当初、私は地域のつながりが薄く、生徒さんが集まるのか不安もありました。さくら茶屋の皆さんが、ご家族やお客さんに声をかけてくださり、4人の生徒さんではじまったアロマテラピー教室。継続するうちに口コミで広がり、今ではお隣の町内会の方、そのお友達の参加もあり、気がつけば現在12人で毎回楽しい時間を過ごしています。私にとって、かけがえのない10年間でした」。

（2）人と人をつなぐきっかけに

●西柴夜話《やわ》（毎月1回、第2木曜日）

会社や組織の縦社会の中で暮らしてきた男性に、横社会の地域に入り込んでもらうにはきっかけが必要なのでは？ そんな発想から人と人とをつなぐイベントが企画された。

ひとつは、地域住民が主役となる「交流会」だ。住民に交替で趣味や経験を話してもらう機会をつくろう。話のあとに食事とお酒を出して、和らいだ雰囲気で語り合おう。そんな企画で月1回、「主人公はお隣の住民」の「西柴夜話」をはじめることにした。

2番手なら引き受けてもよいという人はいたが、最初の登壇者がなかなか見つからなかった。この企画を進めるのは難しいかなと思っていたところ、スタッフの佐藤さんが夫を口説いてくれ、第1回目のテーマは「懐かしの映画」と決まった。トップバッターをつとめた佐藤晃さんはその時の心情を「トップバッターからヒットを打つなんて考えず、打

西柴夜話

西柴夜話登壇者

回	年月	テーマ	出演者	回	年月	テーマ	出演者
1	201006	懐かしの映画	佐藤　晃　さん	51	201502	ブラジルの2年間	仲野　麻理さん
2	201007	西柴こぼれ話	太田　耕蔵さん	52	201503	フルートｱﾝｻﾝﾌﾞﾙ	齋間　迪夫さん他2名
3	201008	大人の食育	中岩　富さん	53	201504	国際人マナー	吉門　憲宏さん
4	201009	京急の沿革	梅木　隆史さん	54	201505	JAZZ＆ポピュラー	藤原　麻耶さん他3名
5	201010	シャンソン	森田　和子さん他1名	55	201506	ｲﾝﾀｰﾈｯﾄ気象術	千々木雅也さん
6	201011	世界の非常識	中村　徳次さん	56	201507	愛媛のプロ歌手	今村　信悟さん
7	201012	チェロとビオラ	毛利　一徳さん他1名	57	201509	第4回茶屋寄席	春風亭朝也さん
8	201101	日本民謡	下村　清則さん	58	201510	ビオラの音色を	高橋　何奈さん
9	201102	小柴あなご漁	齋田　芳之さん	59	201511	火災から命を守る	大島　規義さん
10	201103	日本と世界比較	上田　利隆さん	60	201512	ダックスフント	大泊　巌さん他12名
11	201104	ジャズギター＆歌	藤原　麻耶さん他1名	61	201601	民謡と津軽三味線	阿部きみえさん他2名
12	201106	東海道道中の話	斉藤　俊弘さん	62	201602	ｽﾍﾟｰｽ海バンド演奏	大木康世さん他6名
13	201107	楽しい体操	吉田佳代子さん	63	201603	東京湾の実情	齋田芳之さん
14	201108	忠臣蔵その後	大野　瑞男さん	64	201604	マジック！大道芸	蓬田さん
15	201109	ヒューマンﾌｧｸﾀｰ	石橋　明さん	65	201605	ギターの弾き語り	佐藤　順英さん他1名
16	201110	薩摩琵琶演奏	荒井　泉水さん	66	201606	お魚の水と脂	村上清一郎さん
17	201112	シャンソン	牛尼　弘子さん	67	201607	ウクレレ歌とトーク	山下　成司さん
18	201201	三味線で民謡	小山　貢星さん他2名	68	201609	第5回茶屋寄席	春風亭朝也さん
19	201202	大相撲のお話	原　和男さん	69	201610	愛と勇気とさんま	柴岡　義幸さん
20	201203	歌謡曲熱唱	清水　真弓さん	70	201611	3分でできる整体	重本　洋幸さん
21	201204	宮澤賢治朗読	高坂　頼子さん	71	201612	師走はジャズで	清水　靖雄さん
22	201205	スモーク秘話	樋口修一郎さん	72	201701	和太鼓で新年を	関ヶ谷和太鼓会皆さん
23	201206	シャンソン	中道　繁子さん	73	201702	紙芝居人生20年	山下　　康さん
24	201207	第一回落語寄席	春風亭朝也さん	74	201703	中国の料理と文化	劉　恵琳さん
25	201209	ジャス演奏	平島　嵩大さん	75	201704	蝶々に魅せられて	早川　修さん
26	201210	エスペラント	土居智江子さん	76	201705	ｳﾞｧｲｵﾘﾝとﾋﾟｱﾉ演奏	伊藤　美紀さん他1名
27	201211	日本の防衛	渡邊　秀樹さん	77	201706	福島の民話	柳川　祐子さん
28	201212	シャンソン	秋山　芳正さん	78	201707	歌とウクレレ	トニー山本さん他1名
29	201301	三味線・尺八民謡	藤代富士穂さん他3名	79	201709	第6回茶屋寄席	春風亭三朝師匠
30	201302	川合玉堂のお話	横山　一男さん	80	201710	蕎麦打ちボラ12年	松田文雄さん他
31	201304	温暖化と省エネ	西　隆之さん	81	201711	野鳥撮影の魅力	小川　克彦さん
32	201305	母の生き方	太田　治子さん	82	201712	世界のオカリナ	ミルトさん他1名
33	201306	男性コーラス	大泊　巌さん他12名	83	201801	民謡と津軽三味線	小山　貢星さん他2名
34	201307	ヨットの楽しみ	堀口　忠雄さん	84	201802	遺言と相続	新井　克己さん
35	201309	第2回茶屋寄席	春風亭勢朝師匠	85	201803	打楽器演奏の魅力	村上　響子さん
36	201310	プロ野球あれこれ	佐野　嘉幸さん	86	201804	球根ミックス花壇	平工　詠子さん
37	201311	息子とお酒	竹中　博美さん	87	201805	八景と瀬戸神社	佐野　和史さん
38	201312	歌謡曲熱唱	清水　真弓さん	88	201806	初夏の夜は詩吟で	栗山紀世子さん他9名
39	201401	福島の昔話	柳川　祐子さん	89	201807	直木三十五を語る	西内　俊秀さん
40	201402	地域活動纏め	魚屋　伸さん	90	201809	第7回茶屋寄席	春風亭三朝師匠
41	201403	フルート演奏	齋間　迪夫さん他2名	91	201810	戦争を語り継ぐ	嬉　昌夫さん
42	201404	ボランティアと私	能戸　隆一さん	92	201811	小泉八雲の世界	稲垣明男氏＆木村さん
43	201405	称名寺今昔	須方　審證さん	93	201812	歌とウクレレ	山本氏&小柴さん
44	201406	原子力空母	田中　常雄さん	94	201901	薩摩琵琶演奏	荒井　泉水さん
45	201407	STAP細胞	大泊　巌さん	95	201902	フラウェンコール	瀬川　常子さん他19名
46	201409	第3回茶屋寄席	三遊亭歌太郎氏	96	201903	金沢区が好きになる	林　琢己さん
47	201410	ひばりを歌う	中島　智子さん	97	201904	歌おう！石津バンド	石津光明さん他5名
48	201411	手紙詩集朗読	高坂　頼子さん	98	201905	種明かしある手品	今田　弘さん
49	201412	花のわコーラス	安井　協子さん他8名	99	201906	94歳、翁語る	児玉　孝男さん
50	201501	フラウェンコール	瀬川　常子さん他19名	100	201907	100回記念	これまでの出演者

席に立つことに意義があると思い承知した」と語ってくれた。

何回か回数を重ねてくると、今度は夜話参加者の中から、「こんな話でいいなら」「歌ならやってもいいわ」「楽器演奏なら」そんな人が次々と現れた。結局、夜話は夏休み期間を除いて10年間、毎月継続開催し、２０１９年に１００回を迎えた。とはいえこれだけの登壇者を探し出すのは大変で、多くのスタッフの協力が必要だった。あるスタッフは旅行中のホテルで聞いたプロのオカリナ演奏者をその場で口説き、夜話出演にこぎつけたこともある。

参加者同士のエピソードも多い。夜話は2時間。最初の1時間は登壇者のお話、あとの

第1回から100回まで出演いただいた皆さんです　ありがとうございました
100
ANNIVERSARY

西柴夜話100回記念

1時間は参加者同士や登壇者との交流にあてている。食を共にしながらの交流は、見知らぬ人同士の距離を急速に縮めることを実感する。特にお酒も入ると自然と交流が進む。たまたま隣の席になった男性が話しはじめたら、お互いの自宅が背向かいの家だった。隣同士に30年来住んでいてはじめて語り合ったのだ。また、台湾生まれの方が登壇した時のこと。広報紙の宣伝を見た台湾生まれの婦人がその夜話に参加した。台湾からの引きあげ船が同じだったことがわかり、その後の交流につながっている。そんな話題がいっぱい生まれる集いの場となっていった。

夜話の料理は希望したスタッフが担い、献立はお酒のつまみと食事代わりになるものを用意している（お酒を飲む人は1500円、飲まない人は1000円）。片づけは当番スタッフを中心に、参加者も気軽に手伝ってくれるので30分もあれば片づいてしまう。

●歌の集い（隔月1回、第3木曜日）

「歌の集い」も地域の人たちをつないでいる。石津光明さんがリーダーをつとめるグループ「健康歌声サロン」が、ギターやアコーディオン、電子ピアノ、時にはフルートやクラリネット奏者と共に、さくら茶屋に来て生伴奏してくれる。参加者は大きなスクリーンに映し出された歌詞を見ながら、大きな声で合唱し楽しんでいる。歌は昭和の歌謡曲が多い。童謡唱歌やロシア民謡などもあり、昭和40年代に各地で大にぎわいだった「歌声喫茶」の再来である。参加者は70歳を過ぎた方が多く、曲をリクエストする方も多い。懐かしい歌を共に歌うことで青春時代の思い出を共有しているのだろうか。知らない同士でも自然と連帯感ができている。今は隔月開催だが、「もっと機会を増やして」という要望が多い。約1時間半の催しではあるが、帰っていく時の参加者は、童心に戻ったような笑顔をしている。

●先ず飲もう会（月1回、最終土曜日）

「先ず飲もう会」も人をつなぐ重要な機会となっている。つながりもなく、趣味も娯楽も違う人たちが、ただ酒を一緒に酌《く》み交わすだけの集いだ。自由参加で、毎月の最終土曜日に設定している。固定の曜日に予定があり参加できない人がいるかもしれない、でも第5週のある月であればそうした方も参加できるのでは、という樋口修一郎さんのアイデア

歌の集い

だ。開催して3年半が経つが、いつも2桁の参加がある（参加者の9割以上が男性で、料理は女性スタッフが担当、後片づけは男性陣の仕事である）。最初は、準備した2、3のテーブルについて先ず飲む。はじめての人とは自己紹介もしながら、たわいない近況を話しながら交流する。時には頃合いを見て、全員が丸くなってテーマを設けて語り合うこともある。経歴も年齢も越えた横社会、地域社会には大事な場となっている。

最近は女性だけでお食事とおしゃべり、そしてお酒つきという「夕刻の女子会」も開かれるようになっている。

(3) みんなの力でつくった紙芝居

2013年、「コミュニティ・サロン ほっこり」（湘南八景自治会）とさくら茶屋とで「つながりステーション」という団体をつくり、区役所と連携して、金沢区内にもっと居場所を増やしていこうと活動をはじめた。

その中で、何か形になるものをつくろうという機運が盛り

先ず飲もう会

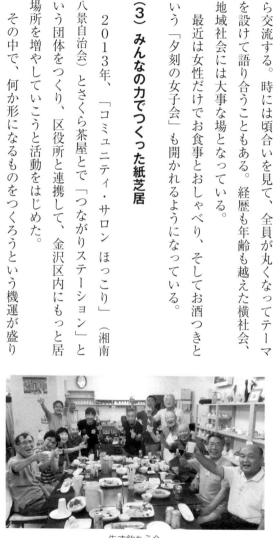

あがり、金沢区内に残る民話や歴史をモチーフにした紙芝居をつくることになった。

さくら茶屋では早速、紙芝居制作委員会をつくり、どんな昔話がいいかを話し合った。地元に残る身近な昔話がいいだろうということで、2つの昔話を選んだ。

①赤い井戸

金沢七井《しちせい》のひとつ、釜利谷《かまりや》地区にある正法院《しょうぼういん》の赤井戸にまつわるお話。鎌倉時代、弘法大師が釜利谷を訪れ、水不足で疫病に苦しむ村人を救うために井戸を掘ったところ、赤い霊水が湧き出て病気を治してくれたという。

実際に赤い井戸は正法院境内に今も残っている。

②身代わり観音

現在、称名寺《しょうみょうじ》に安置されている「海中出現観世音菩薩《かんぜおんぼさつ》」にま

赤い井戸　文：富田麻枝、絵：三島佑実子、前田恵美子（さくら茶屋スタッフ）

つわるお話。今から700年ほど前に長浜（金沢区）を大津波が襲った。村人は全員が無事だったが、村人の身代わりになるかのように、観音さまが流されてしまった。それから40年後、柴の漁師が海中で光る観音さまを見つけ出し、再び手厚くお祀《まつ》りしたという。

東日本大震災のあとだったので、津波の恐ろしさを忘れないためにもこの作品をつくりたいとみんなの意見がまとまった。

2つの題材は決まった。台本をつくる人、絵を描く人はどうしよう。スタッフに、「今度紙芝居をつくるのだけど、誰かやってみたい人はいないかしら?」と呼びかけた。すると、「私、絵なら描けるわ」「色を塗るぐらいならできるかも」「知り合いに絵が上手な人がいるから、頼んでみるわ」「文章なら書けるかも」「校正なら得意」などなど、名乗りをあげてくれた。そうして6人からなる制作グループができた。

身代わり観音　文：富田麻枝（さくら茶屋スタッフ）、絵：上野修世

多くの人に呼びかけて協力を仰ぐことの大切さを実感した紙芝居づくりだった。「赤い井戸」の下絵を描いてくれた三島佑実子《ゆみこ》さんが思い出を寄せてくれた。

さくら茶屋と私

紙芝居づくりの思い出

三島佑実子

紙芝居の絵を描いてほしいと頼まれた時、最初は「私には無理です」とお断りした記憶があります。ただ、周りの方から、気楽にやってみればいいという声をもらったことや、日頃から、さくら茶屋の皆さんの活動に対する誠実さやひたむきさに感銘を受けていたこともあり、少しだけ頑張ってみようと紙芝居づくりに参加することを決めました。

なかなか構図が決まらず、四苦八苦することもありましたが、描いているうちに子どもの頃に戻ったような気持ちになり、下絵ができあがった時は、何かひとつをやり遂げたという達成感を味わうことができました。そして私が描いた下絵に前田恵美子さんが彩色してくださり、すてきな作品にしあがって、本当にうれしかったです。富田麻枝さんの文章もとても読みやすく、子どもからお年寄りまで楽しめる作品だと感じました。

周りの方に助けてもらったからこそできた紙芝居です。金沢区の歴史も知ることができ、身近な場所に興味深い歴史や伝説があると気づくこともできました。金沢区って面白いなと思ってくれる人が増えることへの願いも込めています。

こうして、さくら茶屋の制作した「赤い井戸」「身代わり観音」、コミュニティ・サロンほっこりが制作した「くつもの狐」、金沢区役所が制作した「金沢八景ふしぎな浮世絵」「塩なめ地蔵と朝《あさ》夷《い》奈《な》切通《きりどおし》」の５つの紙芝居が完成した。区役所の尽力で、印刷された紙芝居は、金沢区内の小学校や地区センターなどの関係機関に配布され、利用されている（また横浜市のホームページ、金沢区のページにＰＤＦがあり読むことができる）。さくら茶屋では、毎年３・11の前後に「身代わり観音」の紙芝居を読むようにしている。

思い出に残る人たち
Aさんのこと

面影を探し求めて茶屋の午後　窓辺に座りし帽子の麗人

Aさんは、茶屋ができてから2、3年経った頃、ほとんど毎日、午後2時過ぎぐらいに茶屋に姿を見せるようになった。寡黙でお洒落な方で、いつも自分でつくったすてきな帽子を被られていた。年齢は80代後半ぐらいだったと思われる。

午後3時過ぎになるとお客さまもまばらになる。何となく言葉を交わしながら遅い昼食を召しあがられ、「さくら茶屋があるから助かるの。ここがあるから生きていけるの」とおっしゃる。おひとり暮らしで毅然《きぜん》とした生き方が素敵だと思っていた。ほとんど毎日顔を出してくださるので、2日ほど顔が見えないとどうしたのかしらと心配になる。

そのAさんが4日も顔を見せない。なんだか不吉な予感がする。民生委員に頼んで警察に通報、亡くなっているのを発見、ご家族への連絡となった。誰にも迷惑をかけず、Aさんらしい亡くなり方だと思った。でも、発見が早くてよかった。

3章

集え多世代

～カフェから広がる新たなつながり

1　さくらカフェの誕生

さくらカフェ・会計担当　崎原美佐緒

①はじまりは気になる子どもたち

さくら茶屋をはじめて3年ほど経った頃のことだ。

この街の中に見え隠れする、「気になる」子どもの姿に気がついた。小学生の兄弟だけで、夜の九時過ぎにコンビニで買い食いをしている。友達の家にあがり込んだらなかなか帰ろうとしない。放課後、公園のベンチでひとりぽつんと、暗くなる時間になっても座っている。

そんな姿を見るにつけ聞くにつけ、もしかしたら、学校にも家にも居場所がない子どもがいるのではないか。そう思いはじめた。

そんな時、岡本理事長がある助成金の申請書類を手に、「子どもが気軽に来られるお店をつくりましょう」と言った。「茶屋は狭いから、大勢の子どもたちを受け入れられない。ならば、そういう店をつくればいいのよ、そうでしょう?」

家でも学校でもなく、もうひとつの居場所。いつ来ても歓迎して、話を聞く大人がいる。そんな子どもの居場所があったらいいと思ってはいた。だが、さくら茶屋はボランティア中心のＮＰＯ法人。「子どもの居場所」を新たにつくることなど、夢物語だと思っていたのだ。けれど何事も「あったらいいな」で終わらせないのがさくら茶屋。ここから本領を発揮した。

まず、そもそも「子どもの居場所」のニーズが地域にあるのか。周辺住民やスタッフの賛同は得られるのか。それを知るために、スタッフも含め地域全体に３０００部のアンケートをおこなった。アンケート結果で「茶屋より広い第2店舗」「ママたちが子連れでランチができる店」「子どもの居場所」のニーズは上々、スタッフの感触もそこそこよい。

それと平行して、理事長は長くシャッターが閉まっている店舗（さくら茶屋の並びにある元模型屋さん）の大家さんのところに話を持っていき、さっさとＯＫをもらってきた。

② やるっきゃない

ところが、申請した助成金を得ることはできず、第2店舗の計画はとん挫《ざ》しそうになった。オープンさせるためには、3年かけてこつこつ貯めた資金をフルに用いるしか道は残されておらず、スタッフに一から丁寧な説明をして理解を得なければならなくなったのだ。もちろん、内部からは資金的にリスクが大きいことを理由に反対の声があがった。

だがアンケートでは「さくら茶屋第2店舗・子どもが気楽に利用できる店」への地域の期待は大きく、その声を背景に事務局などの会議をはじめ、スタッフ全体で話し合いを続けた。

さくら茶屋のよいところは、会議で協議するだけでなく、通常営業中にスタッフ同士でざっくばらんに話せて、問題を共有できるところだ。何気ない会話から新しいアイデアが生まれるし、それを一スタッフの意見だからといって蔑《ないがし》ろにすることもない。

こうして会議の議題としてだけではなく、ボランティアの合間の雑談などでも話題にあげているうちに、「茶屋のランチ時間に入店を断ることもあったお客さまの受け皿になれる」、「広さを生かして、新しくはじまった高齢者事業の開催場所としても使用できる」、「他の場所を借りておこなっていた行事を、自前店舗でできるようになる」などなど、さくら茶屋全体で第2店舗への機運が高まり、「やるっきゃない」雰囲気ができあがっていった。

③ 厳しい運営に救世主

「さくらカフェ」は、さくら茶屋第2店舗として、2013年9月にオープンした。

ささやかなオープン記念式典には、「気になる子どもたち」にも声をかけた。友達が友達を呼んで、思った以上の子どもの声でにぎわった。もちろん、すべての「気になる子」が来てくれたわけではない。来てくれることを願って声をかけ続けよう。居場所であり続けよう。そう腹をくくって、鉢巻を締め直した初日だった。

事前アンケートで新規スタッフも募集したが、なかなか集まらず、既存のスタッフ2、3人しかカフェを担当できない。そこで、「新しいカフェのスタッフになってもいいよ」と声をあげてくれた人たちでカフェ会議を重ね、また営業を続ける中で工夫を加えながら、次のようなメニューと運営でスタートすることになった。

ロコモコ丼セットはドリンクつきで 600 円

営業時間は10時から17時、日曜・祝日はお休みで、常時メニューはカレーとロコモコ丼。洋風、かつ常時食材を用意しやすいメニューをスタッフで追求し、試食を重ね、手づくりソースが自慢のロコモコ丼が採用された。ランチはワンドリンクつきで500円（現在は600円）。そのほか、曜日スタッフによる洋食を中心にした特別「限定メニュー」を5～10食。お子様メニュー（駄菓子のサービスつき）もある。

スタッフの負担を考えて、お水やコーヒーはセルフで、レジ清算も「お客さまの申告制」とした。この申告制にまつわるエピソードも尽きない。スタッフが忘れても、「ドリンクをつけました」などと、お客さまから自己申告してくれる。「お金払うの忘れてました！」と2、3日経ってから払いに来てくださった方もいた。わざわざのご対応にお礼を伝えると「だってここがなくなったら困りますから」と。カフェのボランティアをやっていてよかったなあと、思った瞬間だった。

とはいえ、オープンしてしばらくは順風満帆《まんぱん》とはいかなかった。資金繰りも厳しく、長く閉まっていた元模型店を最低限リフォームするのが精いっぱいで、内装は手つかず。テーブルや本棚、ティーカップなどはほとんどもらいものだった。

ママがお子さんと一緒にゆっくりランチできるようにキッズコーナーを用意したり、コンビニのない住宅地の子どもたち向けに駄菓子も数種類用意したものの、しばらくは来店数が伸びなかった。

そこに阿部事務局長が見つけてきくれたのが、横浜市の「商店街個店の活力向上事業」による助成金。今回は無事申請が通り、この100万円を活用して2018年にリニューアルオープンした。

オープン時のキッズコーナーは、すのこの上に量販店のジョイントマット、その上に絨毯《じゅうたん》敷きという、手づくり感が満載の場所。それが今は、カラフルな専用クッションマットとクッションブロックつきの快適なキッズコーナーに生まれ変わった。リニューアルの目玉は、木製のつくりつけの本棚。扉全面がホワイトボードで落書きもできる。子どもの膝丈の高さのソファ（寄付品）も隣接している。

キッズコーナーの広さは、せいぜい2畳ほどだ。だがそこではおもちゃを広げて遊ぶ子、ソファで絵本を読む子、折り紙する子、ホワイトボードに落書きする子。それぞれ

キッズコーナー

好きなことをして、好きな時間を過ごせる場所になっている。今までのキッズコーナーの最高記録は23人。あまりの混雑ぶりに、数を数えたほどだ。5歳くらいまでの子どもたちがひしめきあっていたが、喧嘩もせずに、上手に遊んでいた。

少ないスタッフでランチ時を回すために必需品の「食器の下げ台」も、ゆとりある動線確保のための「幅の揃った収納庫」に変更。助成金のおかげで床もすべて張り替え、新たに買いそろえたテーブルとイスによって、統一感のある広くてオシャレな空間になった。「広くて快適」「居心地がいい」というママたちの誉《ほ》め言葉が口コミで広がり、団体利用やリピーターなど来客数の増加につながった。

④ 人をつなぎ、新たな声を拾い続ける

「子連れでも、こんなに肩身が狭くないお店ははじめてです」「実家に帰って来たみたい！」お客さまから、そんなお言葉をいただくことがある。これは内装的なことではなく、店の雰囲気なのだろう。

「先日、幼稚園のクラス会ではじめて利用したんですけど、今日は個人的に来ました！」と言う若いママに、来店のお礼かたがたスタッフが声をかけた時のこと。「ランチはおい

しいし雰囲気はいいし、さくらカフェのおばあちゃん、って呼んでいいですか？」と言われ、笑い声が弾けたこともある。

ファミレスなどとは違い、さくらカフェではスタッフとお客さま、お客さま同士の距離が近い。ママがお手洗いに行く間に、手の空いているスタッフが赤ちゃんをあやしたり、子どもたちのケンカの仲裁をしたり、時にはママの相談に乗ったり。ランチを食べながら、たまたま出会ったママたちが、会話を弾ませていることもある。

なるほど、「場所が人をつなぐ」というのは、こういうことなのだ。

「ゆっくりさせてもらいました！　楽しかったね、また来ようね」と笑顔を交わしているママとお子さんに、「こちらこそ。おもちゃをきれいにお片づけしてくれて、ありがとう」とスタッフが返す。それが「さくらカフェ」での日常だ。

そしてカフェのＧＯサインのひとつとなった「広さを生かしてさくら茶屋の事業に生かせる」はそのねらいが当たり、大勢の親子連れでにぎわう水曜日の反動なのか、カフェの来客数が落ちる木曜日に、介護予防事業「げんきライフ」（１２５頁）が開催される運びとなり、また麻雀教室や句会、歌の集いなど、地域の要望を実現した事業が盛況となっている。

広さを利用して拾いあげた声はイベントだけではない。

最近商店街では、日用品を扱っていた薬局が店を閉めてしまった。

「足が悪いから、なかなか買い物に行けないの」「週末、息子や娘が買い物に連れていってくれるまで不安」。そんな高齢者のニーズを拾うや否や、トイレットペーパーや洗剤やラップなど、日用品を販売する「ミニミニコンビニ」の棚を、カフェに誕生させた。品揃えはそれほど多くはない。だが「長い坂を下りてコンビニまで行かなくても、急場がしのげる！近所で買える！」と、ご好評をいただいている。

意外だったのはアイスクリーム。小さな冷凍ケースでモナカやバニラアイスなどを少しだけ置いている。コンビニまで行くほどではない。週末のまとめ買いでは忘れてしまう。ちょっと出たついでに買って、時々食べたい。アイスクリームにはそんな魅力があるようで、大変重宝がられている。

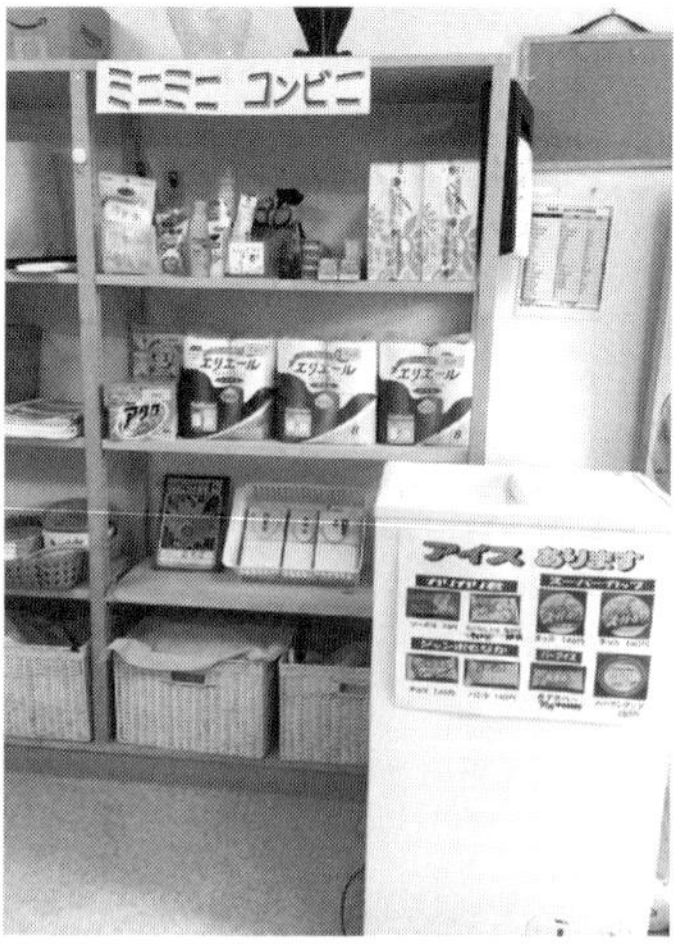

ミニミニコンビニとアイスの販売

このアイスも、「それほど売れないんじゃないか」「在庫を抱えてしまうのではないか」と内部から心配の声はあった。だがやってみたらアイスや日用品、そして駄菓子の売りあげは毎日ある。それを必要とするお客さまが、カフェに来店してくれているのだ。

コミュニティカフェにおいて一番大切なのは、「来てもらえる場所」であること。カフェの存在が広まって、日用品も売っているよと知ってもらえる。日用品の購入に来て、ランチやお茶もやっているんだと知ってもらえる。そんなよい循環が生まれている。

カフェオープンの記念式典の時に小学生だった子が、高校生となり、「もう一度来たいと思っていた」と訪ねてきてくれたことがある。6年間、何とか継続してきた苦労が報われたと思うのはそんな時だ。カフェをオープンさせてから、家庭の事情や子どもが持つ課題など、さまざまな理由で「気になる」子どもたちに出会い、言葉を交わして、見守る機会を得た。もちろん、居場所や見守る大人がいれば解決できるようなことばかりではないが、それでも子どもと日々のちょっとした話ができて、「またね」と言って送り出せる場所でありたい。誰にも弱音を吐けずにいる子が、安心して過ごせる場所にしたい。そんな「子どもの居場所」だと知ってもらいたくて、試行錯誤を続けながら、今日もカフェはオープンしている。

Q さくらカフェをオープンし、営業するのに一番大切なこと、大変なことは何ですか？

A 「資金」と「人」です。オープン時にかかるものだけでなく、営業を続けるためには固定費とスタッフが必要です。そこをどうやりくりするのかが一番の問題でした。

幸いさくら茶屋の基幹事業（ランチ営業）が好調のため、カフェの固定費をねん出するための必要売りあげは低く抑えることができました。また他事業をカフェで開催することで、それまでかかっていた経費をカットできることも、スタッフ全体の賛同を得られるポイントになりました。

コミュニティカフェにおいては「情熱」が大切なことは言うまでもありませんが、経営ではあるので、「計算」と「計画」は必要です。

そしてもうひとつ大切なことは、「鷹揚《おうよう》であること」ではないでしょうか。よい意味で「いい加減」「適当」であることも重要だと思います。さくら茶屋は多方面で「どんぶり勘定」であることは否めないのですが、それが発想を自由にし、フットワーク軽く活動を続けられている要因であると思います。

2　ハロウィンと大家族食堂

子どもイベント担当　平林美玲

①ハロウィンは街をあげてのビッグイベント

「なんだか楽しそうね。子どもたちが仮装したかわいい姿を私も見たいから、うちにもちょっと寄ってくれない？」

幼稚園の仲良しママ10人ぐらいで、ハロウィンにはお互いの家を順番に訪問し合って子どもたちにお菓子をもらっていたのだが、ひょんなことから、岡本理事長の自宅にも立ち寄ることになった。そんな軽い気持ちで家に寄ったことが、その後、地域を巻き込む大きな子どもイベントになるなんて、その時は誰も思っていなかった。

２０１１年10月31日のハロウィン当日、子どもたちが岡本家を訪問すると、夫婦そろってのお出迎え。

「トリック　オア　トリート！」

子どもたちが元気な声を出すと、にこにこ笑顔で子どもたちのバスケットに、庭でとれたみかんとキウイを2つ3つ入れてくれた。お菓子ばかりをもらっていた子どもたちは、ずしんと重くなったバスケットにびっくり！　つき添いのママさんたちは、予想外の展開に思わず大爆笑！

「こんなハロウィンって、世代の違いならでは！　とっても面白い！」

その時の写真と共に、子どもたちのハロウィンは、さくら茶屋の話のネタになってスタッフやお客さんにあっという間に広がった。

「こんなにかわいい子どもたちが来てくれるなら、うちにも寄ってほしかったわ」。そんな声がたくさん届き、翌2012年10月から、さくら茶屋のハロウィンパレードへと生まれ変わることになった。

地域でハロウィンをやることに決まると、理事長

子どもイベント「ハロウィン」

はさくら茶屋にランチに来る地域の方に次々に声をかけ、お菓子を配ってくださる協力家庭をたくさん見つけた。多世代交流を当初から目的にしたわけではなかったが、高齢化した街では必然的に多世代交流となった。

参加する子どもの申し込みも、受付開始数時間で定員がいっぱいになった。この地域に実家があるという娘さん家族、自転車で遠方から参加する方など、さくら茶屋の目玉イベントとなったのだ。

参加する子どもたちは平均すると約95人、引率するスタッフや保護者が約40人。お菓子の配布に協力してくれるご家庭や商店街のお店は60軒あまり。約15人ずつのチームに分かれ、それぞれ8軒程度のお宅を回り、最後に商店街を回り、風船をもらって、さくらカフェがゴールとなる（パレードは毎年10月

最終水曜日、雨天決行)。

この日だけは高齢化した住宅街も子どもであふれかえる。商店街では八百屋さんでは果物を、お肉屋さんではカレー味のスペシャル唐揚げを、歯医者さんでは歯ブラシなど、商店街ならではのものがもらえるのも楽しみのひとつだ。

地域のシニア層の方もハロウィンをとても楽しみにしてくださる。夫のヨーロッパ出張時にハロウィンのすてきなチョコレートを買ってきてもらい、満面の笑みで出迎えてくれた土居さん。たくさんのお菓子を「どうやったらいいのかわかんないから」とスーパーの袋ごと、ドサッと渡してくれた近隣のおじさん。かわいい魔女の帽子を、要介護の夫と一緒にかぶってニコニコと出迎えてくれた大月さん。子どもたちがおうちを訪問するのが待ちきれずに、道路に出て手を振って出迎えてくれる方。寝たきりのおじいさんのベッド際までお菓子をもらいに行ったこともあった。

ハロウィンパレードを出迎える

そのひとつひとつに、出会いのすべてに、思い出がたくさん詰まっている。
「こんなに子どもたちにしてくれるなんてあたたかい街ですね。引っ越してきてよかった」
「らいねんも、さらいねんも、ずっとずっとやってね！　ハロウィンがこんなに楽しいなんてしらなかったよ！　またきたい‼」と言う子ども。

ふだん街を歩いている時にも「ここのおうちに前にハロウィンで来たことあるよ」。街の中にはハロウィンで出迎えてくれたお宅がたくさんあり、この街にたくさんの方の子どもたちへの愛が詰まっていることに、心があたたかくなる。

ハロウィンパレードをはじめて8年。

街の高齢化と共にお菓子を配ってくださっていた方とのお別れも多くなった。施設に入られた方、天国から見守ってくれている方、たくさんの方と出会った分、悲しいお別れも多くなった。けれど、ハロウィンが来るたびに、そこのお宅の前を通るたびに、子どもたちを出迎えてくれたその方の笑顔が心に浮かぶ。そんな時に確信する。これこそ、子どもたちの心に種をまく、ホンモノの多世代交流なのだな、と。きっといつか、まいた種から芽が出て、子どもたちの心に花を咲かせ、子どもたちの未来を豊かなものにしてくれるだろう。

② 大人も子どもも一緒に食べよう大家族食堂（さくら食堂）

「子ども食堂」がニュースで取りあげられ、子どもの貧困が社会問題になりはじめた頃、さくら茶屋でもできることはないか、という声があがった。

貧困家庭が地域にどれくらいあるのかはさておき、共働きの家庭が多く、親の帰宅が遅くて小学生の子どもだけで夕食をとっている家庭があることは耳にしていた。高齢化の街には、伴侶《はんりょ》に先立たれひとりで食事をされている方も多い。若い世代でも親と子ふたりきりで食事をとっている家も多かった。

たまにはみんなでワイワイ食べるのも楽しいんじゃないか。ひとりも気楽だけれど、たまにはみんなで食べよう！

そんな願いを込めたのが、2016年9月からはじまった子ども食堂ならぬ「大家族食堂（さくら食堂）」（月2回、第2第4金曜日、17時～20時）だ。メニューは、つくりやすく誰もが好きなカレーに決まった。会場はさくらカフェ。

大家族食堂（さくら食堂）

助成金を得て、2升炊きの炊飯器やカレー皿などを揃えることができた。

　毎回80人分を目安につくり、ご飯は6升も炊く。大量につくったカレーはおいしいのだ！　14時から前半スタッフが調理をする。平均年齢70代後半の調理大ベテランの方ばかりなので、楽しそうにおしゃべりしながら、大量の下ごしらえも驚くほど早い。食べてくれる子どもたちの顔を楽しみに、縁の下の力持ちとして活動を支えてくれている。17時からは後半スタッフが食堂を営業する。合わせて15人ほどのスタッフが毎回ボランティアで運営している。

　カレーにサラダ、デザートがついておとな300円、子ども（高校生以下）100円、未就学児無料。お代わり自由。オープン当初からこの価格は変わらない。こんな価格で運営できるのも、「田舎から送られてきたから」「いつもお世話になっているから」「こんなことしかできないけど…」そう言って、地域の方がお米や野菜を毎回寄付してくださるからだ。

街のみんなでご飯を食べよう!

子どもたちの間で「カレーの日」の噂はどんどん広まり、毎回50人ほどの子どもが訪れる。スタッフは「カレーの日のおばさん」というニックネームがつき、街で登下校中の子どもたちとすれ違うと、「カレーパーティーの日はいつ？」と聞かれるのが合言葉になった。

子どもだけで思い思いの時間に来店し、学年や年齢を超えて、相席でみんなでワイワイ食べている。「子どもが学校でお友達から聞いて」と親子で来てくれる家族。仕事終わりのお父さんとお店で待ち合わせて、ギリギリ駆け込みで来店される家族。最近はお父さんが子どもを連れての来店も増えた。

時には近隣の小学校の先生が来てくれることもある。学校ではない場所で、担任クラスではない子どもたちと一緒に食べる。先生方もおかわりして、ゆっくり過ごす。卒業した子が、元担任の先生に中学校生活の悩みをこぼしたりしながらカレーを頬張《ほおば》る姿もある。そんな時間が彼らの心の小さな支えになっているように感じる。

たくさんの愛に支えられて、大家族食堂は成り立っている。そして低価格だからこそ、毎回さまざまな子が来ることができる。そして食後に自分で買ったアイスや駄菓子を食べながら、ゆっくりと過ごせるのだ。

アイスといえばこんなエピソードがある。

ある時、小学生の男子数人が来店した。「おいしい！」「楽しい！」とはしゃぐ子どもたちの隣に、相席で高齢のご夫婦が座られた。にぎやかな子どもたちに目を細め、時々質問をしておしゃべりを楽しみながらカレーを食べ終えたご夫婦は、帰り際、子どもたちに「これでみんなでアイスでも食べなさい」とお小遣いを渡そうとした。

「大丈夫です！　お金は持ってます！」「楽しく食べられたから、おばさんたちからの気持ちだから受け取ってちょうだい」というやりとりがしばらく続き、最後はスタッフの声かけで、アイスをごちそうになることになった。「ありがとうございます！」そう口々に言う子どもたちに、「みんなが大きくなったら、いつかおじさんとおばさんたちにおごってね」そう言い残して、ご夫婦が店の出口に向かった。

「わかった！　じゃあ、長生きして元気でいてね、約束だよ！」子どもがワッと駆け寄って、とびっきりの笑顔で言った。「アイス代以上にすてきな思い出ができたわ」そう言ってご夫婦は笑顔で手を振って帰っていかれた。

スタート以来3年間半で６２１５人の参加があった。大家族食堂が、世代を超えて地域のつながりになっていることをとてもうれしく思う。

介護者の集いをきっかけに

H・E

私の場合、さくら茶屋の開所と家族の介護が同時期でした。夫から目を離せない状態だったので、さくら茶屋に買い物支援をお願いしていました。

日々の介護生活は想像もしないことが起こります。風呂あがりに突然放尿したり、電子レンジで食品を温めて火を出したり。ひとりで介護ができるか自信を失いかけていました。ある時、「さくら茶屋で『介護者の集い』をはじめるから参加してみませんか?」と声をかけてもらい、藁《わら》にもすがる気持ちで参加しました。

日頃の愚痴を聞いてもらったり、介護経験のある方のお話を聞いたりしました。聞いてもらうだけで、次の日もがんばれる、優しくできると思いました。時には家族を連れてさくら茶屋でお昼を楽しみました。「介護者の集い」があったから、7年の在宅介護をすることができたように思います。

現在、私も何かできることはないかと思い、月2回、大家族食堂(さくら食堂)の手伝いをしています。カレーづくりの仲間5、6人(皆さん70代後半)とおしゃべりを楽しみながら、100人分のカレーをつくり、子どもたちの笑顔を見るのが喜びです。

Q どうして子ども食堂ではないのですか?

A 子ども食堂(貧困家庭対策)と銘打ってしまうと、来づらくなってしまうこともあります。地域のニーズを考えた時に、「みんなで食べる」というところをポイントに考えました。そして、どんな人も遠慮なく来られて、おなかいっぱいになるように、代金は最低限で設定しました。

Q 集客のポイントはありますか?

A まず、地域のニーズをつかんで、その中でできる方法を考えましょう。今はいろいろな団体が子ども食堂やつながりカフェのような活動をやっています。いろいろなタイプの団体を見学に行くとイメージがつかみやすくなります。さくら茶屋の場合、オープン前に4ヵ所の見学に行きました。気まぐれ八百屋 だんだん(東京都大田区)、地域リビング プラスワン(東京都板橋区)、大人の秘密基地アルコイリスカフェ(埼玉県和光市)、のばこども食堂(横浜市港南区)です。それぞれ、地域に合った活動をしていて、それが地域課題の解決につながっていました。「楽しいことをみんなでやって、つながりができてくると地域の困りごとも少なくなる」という話を聞いて、さくら茶屋らしい活動を進めようという勇気をもらいました。そして一番のコツは「また来たい！」と楽しい思いをしてもらうことです。私たちは広報紙で告知していますが、現在来ている子どもたちの半分くらいは広報紙の配布されないエリアから足を運んでくれています。口コミほど集客力のあるものはありません。また、インターネットやSNSで積極的に情報発信することも大切です。

Q 開催日程はどうやって決めましたか？

A 当初、月の1回目と2回目は曜日を変えていましたが、覚えにくく忘れてしまうため、第2、第4金曜と固定にしました。翌日が学校や幼稚園が休みの方が、ゆっくり足を運びやすいと考えました。メニューが毎回カレーのため、月に2回はちょうどよい頻度だと感じています。

3　げんきライフ（介護予防事業）

副理事長・げんきライフ担当　**炭竃美枝**

①介護予防、これからは地域が出番

横浜市の介護予防・生活支援サービス補助事業（以下、サービスB）は、「要支援者等」（要支援者1・2の要介護認定がある方等）という比較的元気な高齢者が、住み慣れた地域で、その人らしい自立した暮らしができるように、自らの健康づくり・介護予防に取り組もうとする事業だ。横浜市ではじまった通所型サービスB事業に、さくら茶屋も申請する意向を決めた。申請が通れば、活動費や家賃の補助など年間180万の補助金が出る。申請は当然の流れでもあった。

「げんきライフ」と名づけた新事業の責任者を岡本理事長から頼まれたのは、福祉関係の仕事を退職したあと、さくら茶屋でボランティアをはじめたばかりの頃のこと。「さくら茶屋はいつもいいタイミングで、その任にピッタリのボランティアが出てくる」との言葉もうれしかった。デイサービス事業の概要は知っていたが、運営ははじめてということ

で、区役所主催の介護予防・認知症予防講座を受講したり、高齢者介護をサポートするレクリエーション情報誌や音楽レク（音楽健康体操、手話ダンス）、脳トレ（脳を活性化させるトレーニングの略）レクなどの書籍を読んだりして準備した。

そして、認知症予防サークルなどを運営してきた大月さん、長年地域で体操教室をしていた吉田佳代子さん、歌のことなら何でも知っている安井協子さんの協力も得て、開設できる見通しができた。さくら茶屋の経験豊富な調理ボランティアの協力も得られ、昼食の提供にも心配はなかった。「げんきライフ」という名称もみんなで決めた。

横浜市の審査を経て、２０１７年9月に通所型サービスB事業選定が決定。翌10月に「げんきライフ」は始動した。

参加者は、地域包括支援センターから紹介された要支援者がおひとり、あとはさくら茶屋の「ほっとサロン」（64頁）の利用者の４人からはじまった。プログラムも手指体操、上肢体操、下肢体操、足首体操、パタカラ体操（口の体操）、

輪になって体操!「げんきライフ」の様子

レクリエーションゲーム、朗読、脳トレドリルなど、手探りではじめた。ひとり暮らしの方やもの忘れが気になる方などにも声をかけ、口コミで徐々に利用者も10人近くまで増えてきた。調理ボランティアの心のこもった手づくりの昼食も好評で、季節感を大切にした彩りのよい食事に、「おいしそう！」と歓声があがる（さくら茶屋やカフェとは別に食事を提供）。食後の手づくりのデザートとコーヒーで和やかな談笑タイムとなっている。

半年後の２０１８年４月には要支援者も平均出席者数５、６人（在籍数８人）になり、横浜市の通所型サービスＢ事業の基準に到達した（1回あたりの総利用者数は12〜15人、介護認定を受けていない一般高齢者含む）。２ヵ月ごとにスタッフ会議を開き、プログラムも工夫した。

２年目（２０１８年10月）になり、要支援者が転倒などにより要介護者になったり転居したりして、要支援者が減少した。逆に要介護者や一般高齢者の利用が増えた。そのため、スタッフの中で送迎ボランティアを募り、歩いて通えない要支援者の送迎を受入れることにした。総利用者数は17〜19人（内要支援者10〜12人）、ボランティア６〜８人（登録者16人）で運営した。

２年半（２０２０年３月）が経過して利用者も増え、２０１９年度の登録者は24人（内要支援者15人）、平均利用者16・5人（内要支援者9人）となった。

足腰が弱ったり、もの忘れが気になると言って、げんきライフを利用する要支援の方が増えてきた。一方で、介護認定の更新時に、要支援2から要支援1へと改善された方が4人になった。要支援者15人中、介護保険のデイサービスを利用しているのは4人のみ。そのほか介護認定を受けていない一般高齢者も週1回のげんきライフの利用が生活の張りになっている。げんきライフを通して、利用者にもボランティアスタッフにも、介護予防効果が現れていると言えるだろう。

大事にしていることは、個人の尊厳や意志を尊重すること。そしてお互いの交流が深まるように工夫を重ねている。コミュニティならではのアットホームな場は、「お互いに尊重し合ってサービスを受けている感じがしない」と利用者からも好評である。

「ちょっと足腰が弱くなったり、認知症が心配になったりしても、げんきライフがあるから安心よ」「高齢になっても、みんなに会えて元気をいただいて、この街なら暮らしていける」「さくら茶屋があるこの街に住んでいてよかった」という利用者の声がうれしい。

日常の生活状況が把握できる地域だからこそできることがある、これからは「地域が出番だ」という認識を新たにしている。

②楽しいが一番、多彩な介護予防プログラム

げんきライフでは介護予防プログラムにも積極的に取り組んでいる。介護予防の専門家ではないボランティアで運営しているが、介護予防に関する講座を受講したり、関連書籍やYouTubeの動画を参考にしたりと勉強も欠かさない。

げんきライフで取り入れるプログラムは、2ヵ月に1回スタッフ会議を開き、利用者の情報を交換して計画を立てている。毎回取り入れるのは介護予防体操と口腔体操。脳トレやゲームなども工夫している。

当日の流れとプログラム内容を以下に紹介したい（130頁表参照）。

◎介護予防体操で筋力向上・脳の活性化

輪になってゴムボール・布切れ・お手玉などを使って、手指体操、上肢体操、下肢体操、足首体操をする。時に

グループで生けるフラワーアレンジメント

◆ 介護予防プログラム ◆

■ **げんきライフの流れ**

（9：00～　スタッフ集合、準備）

10：00～　受付、バイタル健康チェック

10：15～　介護予防体操プログラム

10：50～　口腔体操

11：00～　リハビリレクリエーション、制作など

12：00～　会食、談笑

12：50～　今月の歌

（13：00　終了、片づけなど）

□ **介護予防体操プログラム**

手指体操、上肢体操、下肢体操、足首体操、コグニサイズ（認知症予防運動プログラム）、道具を使っての体操（いがいがゴムボール、お手玉、タオル、わりばしなど）

□ **口腔体操**

スマイルごっくん体操　パタカラ体操

□ **リハビリレクリエーション**

脳トレレク、音楽レク（音楽健康体操、手話ダンス）、音楽療法、ゲーム類

□ **朗読その他**

詩の朗読・輪読、俳句・川柳、短歌の朗読と作成、早口ことば、紙芝居

□ **制作活動**

季節の制作、織物、ちぎり絵、ぬり絵、フラワーアレンジメントなど

□ **脳トレーニングドリル**

各種脳トレドリル（まちがい・同じ物探し、計算・漢字、点つなぎ、パズルなど）

□ **調理体験**

簡単調理、デザート作り（巻き寿司・お好み焼き・杏仁豆腐・だんご）、干し柿づくりなど

□ **会食**

手づくりの季節のお弁当、洋風プレート、手づくりデザート、コーヒー

は、左右の手指の動きが違う脳トレ体操もがんばる。「間違えてもいいよ。その方が脳の血のめぐりがよくなるよ」と声をかけると、「げんきライフは間違えたほうがいいんだ！」と笑いが起こる。口腔体操で、舌を動かしたり、くちびるやのども動かすと、唾《だ》液《えき》がたくさん出てくる。「人前で舌を出したり、顔をくちゃくちゃにしたり、びっくり！でもげんきライフだから平気ね」と皆さん楽しそう。免疫力アップでコロナウイルスも逃げていくかも？

◎グループで生けるフラワーアレンジメント

新鮮な切花をグループ内で順番に生けていくと、それぞれ個性的な作品が生まれる。「私たちのが一番いいね」と、にっこり！

◎ちぎり絵・貼り絵・織物・焼き物などの制作

「何十年ぶりかな？できあがるとうれしい」「童心に返って楽しめるし、刺激になる。みんなでつくると楽しい」と好評である。「色々なことを体験できて楽しいけど、何をするか考えるのは大変でしょうね」とスタッフを気遣ってくれる方もいる。

ちぎり絵を制作

◎生演奏でなつかしの歌を歌う

アコーディオンや電子ピアノで、みんなでリズムを取りながら、大声で歌う。それだけで気持ちがいい。時に、心の奥底に残っている記憶が一緒に思い出されるのか、涙があふれることもある。

◎みんなでつくる簡単調理やデザート

わいわい、がやがやとみんなで一緒につくる巻き寿司やお好み焼きは絶品で、楽しいひと時です。常連の4人の男性たちも細やかな手つきで、ご自分のつくったものに満足げである。

手巻き寿司づくり

③コロナ禍のげんきライフ

げんきライフは横浜市の委託を受けた事業ということもあり、横浜市の指導を受けて2020年3月より6月上旬まで休止せざるをえなかった。その間、利用者には個別に電話をして近況をうかがった。再開を希望される思いをひしひしと感じた。

6月半ばから、3密を避けるため、人数を半数にして週2回開催している。感染対策と換気を徹底し、会食は中止した。利用者同士の間隔を取りながら、各種体操・脳トレドリル・個別制作等のプログラムを中心にしている。また新たにコロナ禍ならではの企画を模索した。インターネット環境を整え、YouTubeやDVDの観賞を取り入れ、落語・お笑い・音楽・昔話・動物・祭り・花火・紅葉などを楽しんでいる。

「『げんきライフ』があるから、元気でいられる。みんなと会えるし、体や頭を使うのはここがあるからよ」との声。コロナ禍で外出を自粛している高齢者にとっては、げんきライフでの介護予防の取り組みや交流は生活の張りになっている。

コロナ禍でのげんきライフ

思い出に残る人たち Uさんのこと

Uさんとの出会いは、認知症になった妻をさくら茶屋に連れてこられたことからはじまる。とても素敵な紳士で、80代後半だったが、70代にしか見えなかった。優しく介護されていたが、ご自身ががんにかかられて、妻は施設入所となった。がんと闘いながら、毎日、妻に会いに施設を訪問するのを日課とされていた。

がんがだんだんと進行し、食欲がなくなっていった。さくら茶屋に来られた時はなるべく話し相手を心がけ、がんばって食べるようにすすめた。

「岡本さん、今日は全部食べたよ」などと言われると、私もうれしい。

「Uさんがちゃんと見送らないとだめだよ」などと言って、よくおしゃべりをした。結局、その願いはかなわず、妻より先に旅立たれた。

4章

さくら茶屋を支える大きな力

1 私たちが大切にしてきたこと

さくら茶屋にししば理事長　岡本溢子

(1) 80人のボランティアで日々運営する工夫

① 無理せず、できる範囲で活動しよう

さくら茶屋とさくらカフェのスタッフに、数々のイベントを担当するスタッフを加えるとボランティアの総勢は80人を超す（さくら茶屋の運営に従事している人をスタッフと呼んでいる）。スタッフは子育て世代もいるが70歳代が多い。ほかにも広報紙配布などをお手伝いしていただく協力者が20人ほどいる。

大事にしていることは「無理をせず、できる範囲で活動しよう」ということだ。

例えばさくら茶屋の場合、開店準備は朝の9時からで、営業時間は11時から17時まで。曜日ごとにスタッフが7人ほどいるが、全員出勤する必要はない。午前中は4、5人いれば可能だ。調理場が狭いので仕込みや調理は2、3人が担当し、あとは店内の清掃や喫茶の準備、看板書きなど、お客さんを迎え入れる準備にあたる。単一メニューということも

あり、準備は手慣れたもので、10時半過ぎにはそうした仕事もひと段落となる。そこからランチのお客さんが来るまで小1時間の息抜きタイムがあり、その時間が楽しくて毎回加わる人もいるようだ。

佳境は11時半からのランチタイム。2時間半ほどの間にお客さんが2回転するので大忙しだが、その時間が過ぎればあとは2人でも十分対応可能だ。そこで午前出勤の人たちは賄《まかな》いを食べたあとにご苦労さんとなる。曜日のリーダーだけは引き続き最後までいることが多いが、午後から出勤する人も補佐することになる。

毎週出勤する人もいれば、隔週の人、ある時間帯だけ活躍する人など、その人の条件に合った働き方で回すことで「無理なく長期に活動できる体制」をつくっている。そして「自分の用事を大事にして、都合が悪い時は交替できるように別のスタッフをつけるので申し出て」とあらかじめ伝えている。そのためには、お互いさま精神で、交替を言われたら必ず受けて、その穴埋めをしていくことが必要だ。それがないと気楽な環境は生まれない、

当番の調整は、毎月、最終日曜日に開催される「スタッフ全体会議」でおこなわれる。あらかじめ各人の用事に配慮した名前入りのシフト表（担当割当表）が配られる。漏れとか用事の変更などが生じればその場で修正する。どうしても人員が確保できない時は曜日

をまたいで調整をお願いしたりする。だからひとりでも多く「緊急対応」できる人を抱えていることが理想だ。それが難しい場合は、他の曜日の当番の人に臨時出動をお願いする。だいたいはふたつ返事で引き受けていただけるので感謝である。常にスタッフの増員に心がけ、お客さまにもお誘いの声かけをしているのもそのためである。

②運営の要は曜日担当制

さくら茶屋のスタッフは曜日制をとっていて、月曜から土曜日まで、週6日、各曜日ごとにリーダーを含めて6、7人でチームをつくって運営している。

リーダーは、さくら茶屋設立当初からの人が中心だが、体調不良や転居などでいなくなった場合は曜日の中で互選している。衛生管理やスタッフ研修は、スタッフ全体会で必要に応じてやるようにしている。

ボランティアをしたい人にはまず希望する曜日を聞き、それに基づいて各曜日に入ってもらう。各曜日ごとにお互いの都合を調整して活動する。1週間に1回の活動だからあまり負担を感じることなく、同じメンバーでの仕事なので、手順が身につき手早くできる効果がある。

曜日担当制にはこんな効果もある。

・家庭の主婦を料理の達人に育てた。月曜スタッフは10年間卵を焼き続け、オムライス名人となった。火曜スタッフも「ここの天ぷらは金沢区一番」とお客さまに言ってもらうほど腕をあげた。

・固定メニューで毎回献立を考えなくてもよい。発注や調理する上で大助かりである。

・曜日メニューがシンプルでお客さまに簡単にインプットされるため、はじめてのお客さまに常連さんがメニューを説明している光景がよく見られる。

・お客さまにとっては日替わりとなり、また10年変わらぬ味に「茶屋の味は全然飽きない」と言われる。曜日ごとにファンをつかんでいるのも頼もしい。

・曜日チーム内でスタッフ同士が仲良くなった。50代を過ぎて親しい友人をつくることはなかなか難しいが、活動を通して新しい友人がたくさんできたのもうれしいことである。

③ボランティアスタッフの多さが強み

お店に来るお客さまから、「スタッフがいきいきしている」「皆さんとても楽しそう、私も参加したくなるわ」と言われる。その声を聞くと、すぐに「一緒にやらない？」と気軽に誘いの言葉をかけるようにしている。「続かなければやめるのも自由、そんなゆるい感覚で声をかけている」とのことだが、その獲得率は高い。そして意外と息の長い活動になっている。

スタッフの多さはさくら茶屋の強みでもある。80人の知り合いを含めれば、何百人もの方とつながっていることになる。それだけ多くの人の声を活動に反映させることができるし、その方々の口コミ効果は相当のものだ。

活動が長続きする背景には、やっていて楽しいとか、人のために役立っているという満足感があるはずだ。それはお客さまとの交流から生まれている。

お料理のこと、街の出来事などでのコミュニケーションが頻繁におこなわれている。はじめて来たお客さんにも気軽に声かけがなされる。もちろん迷惑がられない範囲でだが。そこにはお客さんに喜んでもらいたいという思いが込められている。お客さまの「ありがとう」という言葉がスタッフのやりがいに反映されるのだ。

スタッフの交流も大切にしている。普段は曜日ごとに少人数で動いていて、他の曜日のスタッフと交流する機会がない。そこで曜日間の交流とスタッフのねぎらいを目的として、忘年会や納涼会、食事会などをおこなっている。スタッフの家族も参加ＯＫで、商店街のお寿司屋さんや、肉屋さん、八百屋さんからお料理をとり、賞品つきのゲームや歌合戦などをして楽しんでいる。さらに年1回はスタッフ全員を対象に、貸し切りバス旅行やホテルでのビュッフェなどを企画し交流を深めている。

こうした交流イベントはいずれも福利厚生的な予算を確保しているので、参加費は無料とし、毎回40～50人の参加がある。曜日を越えたスタッフとの交流は刺激となり、何よりもたくさんの人たちで「街の居場所」をつくっているという実感がモチベーションを高めている。

(2) ボランティアの極意

① フラットな関係

さくら茶屋のスタッフはみんな素人の集まり、年齢も性別も上下関係もないフラットな関係が魅力だ。

一人ひとりの働き方もさまざま。丸一日お店に出る人、短時間だけ、あるいは途中で帰る人。仕事が早い人もいれば、丁寧に時間をかける人もいる。調理の得意な人、接客が得意な人、頼まれた仕事を黙々とこなす人、いろんな人が混在している。年の差を超えて話が盛りあがることもしばしばだ。料理の得意な人がその秘伝を紹介したり、家族の悩みごとを気軽に相談したり。この団地に引っ越してきてすぐにさくら茶屋のスタッフになった人は、「多くの知り合いができて、すぐに地域に溶け込めた」と言う。

みんな気兼ねなく気持ちよく働けている理由はふたつあると考えている。ひとつはほとんど無償に近いボランティアだということ。ふたつめは地域に役立っていることへの喜びがあること。とはいえ、お店の経営が継続できることを前提に、日ごろの労苦に多少なりとも報いたいと思い、少ないが謝金を出している。さくら茶屋の発足当初は交通費などの実費のみだったが、2年間ぐらい経過して経営的にも幾分安定してきた頃に、将来的にも運営の負担とならない範囲として話し合って決めたのは、午前勤務で1回250円、午後からの勤務は150円というもの。少額なので半年ごとにまとめて手渡している。そうするとある程度まとまった金額にもなり、スタッフからも喜ばれている。

ただ今後は、その時代に合った謝礼の支払いが必要なのかもしれない。そのため非営利活動とはいえ、経済的な体力をつけていくことも重要な課題である。

②スタッフの結束を強める3つの会議

スタッフが多く、しかも働き方がいろいろなだけに、曜日制の運営には調整が必要となってくる。また住民の声に耳を傾け、それをどう反映させるか、活動内容や運営について全員で意思統一することも必要だ。その中核となるのが事務局会議であり、スタッフの結束は、そのコアとなる事務局の結束からはじまる。

「事務局会議」は理事長、副理事長2人、事務局長、会計、仕入れ担当の6人で構成し、毎月第2水曜日の19時半から定例でおこなっている。メンバーは5分以内に駆けつけられるところに住まいがあり、うっかり忘れても電話すれば飛んでこられるかたちだ。そこで活動のふりかえりや住民の声、これからの活動などについて話し合う。全員参加なので、即決が必要な事項があればそこで判断し動くことになる。機動性は抜群だ。

その一週間後、第3水曜日の19時半から「運営委員会」がある。事務局メンバーに、各曜日のリーダーも加わって話し合う。運営委員会の内容が翌月の企画や運営上の決まりとなって具体化されていく。同時にこの内容が翌月地域に配布される広報紙の記事となっていく。つまり広報紙の編集会議も兼ねている。

スタッフへの徹底は、最終日曜日の「スタッフ全体会議」に提示され確認される。全員対象だが、参加は任意のため2割ほどの参加とはなる。参加できなかった人には、各曜日のリーダーが内容を伝えたり、重要な決定がある時は「スタッフ通信」をつくって配布する。こうした形態を10年間ずっと継続してきた。だから事務局メンバーは同じ議案を毎月3回も論議することになる。

私たちがこうした会議で重視しているのは、参加してくれた方には必ず発言を促し、声を出してもらうこと。全員の参画で運営するためだ。そのため事務局が提起したことがスタッフ全体会議で覆《くつがえ》るということも時々発生するが、それが民主的な運営と自負している。こうした積み重ねがさくら茶屋の運営の円滑化につながっている。

お客さま相手の活動には、会議を待たずして判断を求められる機会も少なくない。例えば「お弁当を配達してほしい」という希望があった時に、相手の事情を勘案して、柔軟に個別対応できるのも、この10年間の継続した力なのだろう。

③選手層は厚い「チームさくら茶屋」

さくら茶屋が10年間安定して活動できているのは、スタッフのほとんどが息長く従事していることにある。設立に携わった多くの方がずっと継続して活動している、あらゆる縁で途中から参加してきている方も同様だ。活動から離れた方もいるが、その理由は転居であったり、体調を崩してお休みするという理由がほとんどだ。その大きな要因は「住みよい街づくり」をボランティアの力でつくりあげようという活動への共感がある。

スタッフの日頃の労苦に少しでも報いたいと、わずかではあるが謝金をお配りしているが「参加していることで充実感を感じているから」とかたくなに固辞する人もいるのだ。また、主たる事業であるランチ、惣菜の提供のほかに、私たちは現在20を超す催し物を企画運営している。それらの活動も無理をしない形態を追求しているから継続しているのだろう。

地域の要望に新たに応えるべくいろいろな企画が提起されるが、それを具体化しようとする時「現有のスタッフ」だけでおこなおうとすれば、必ず無理を重ねることになる。そこで、私たちは新企画にたけた人物を同時並行で探すことを常に心がけている。だから企画が増えるごとにスタッフも増加する。

さらに、「ちょこっとボランティア」も追求している。「大家族食堂」では、カレーの仕込みの際、野菜の皮むきと乱切りだけをするボランティアがいる。超ベテラン主婦たちだが、同世代とのおしゃべりや地域貢献に参加することでの達成感を得て、生き生きとしているのだ。
どんな人でも自分の得手や時間をできる範囲で提供して活動し、それが結果として多くの人とつくりあげる活動になる。そうしたことができるのもコミュニティカフェの持つ特色なのかもしれない。

Q ボランティアを集めるにはどうしたらいいでしょうか？

A 確かにひとりではできません。最初は自分の友だちを誘って、3人ぐらいからはじめてみてはどうでしょう。さくら茶屋のボランティアも、いろいろなつながりを通して声をかけました。お客さまにも「一緒にやらない？」と誘いました。ダメでもともとくらいの軽い気持ちでいいんです。最初は断られたけれど、3年後にボランティアとして入ってくれた人もいます。一緒に活動している方から「あの時、誘ってもらってよかった」と言われることがよくあります。こちらの方こそ感謝しなければればならないのに。でもそう言われると誘ってよかったなと思います。

Q ボランティアが長続きするコツは？

A 新しく入ってきた方には、仕事をきちんと用意してお願いします。ドキドキしながら来てくれたのに、何をやっていいかわからないのでは不安ですよね。業務中の声かけと仕事が終わったあとの感謝の言葉も大切です。「あなたが来てくれたから、今日は準備が早く終わったわ」「盛りつけがとてもきれい」など、具体的に感謝するといいですね。実際、とても助かっているわけですから。

Q どの年代の方に声をかけたらいいでしょうか？

A ズバリ、定年世代です。人生100年時代、ずっと働いてきてちょっとのんびりしたいかもしれませんが、遊びだけでは飽きてしまいます。そこで、「ささやかな社会貢献」の必要性を説くわけです。子どもが成長して家を出て、夫婦だけ、あるいはひとり暮らしが多いので時間があります。1週間に1回のボランティアは、生活の張り合いになることでしょう。

若い世代の中にも、地域で何かしたいと思っている人が結構います。勤めながらでもできるボランティア活動を提供することが必要だと思っています。

Q 一人ひとりのスタッフに力を発揮してもらうにはどうしたらいいでしょうか？

A その人が持っているよさをみんなで認め合うことが大切だと思います。字の上手な人はメニューを書いたら天下一品とか、煮物の味つけはこの人にかなわないとか、お客さまと対応する時の笑顔がいいとか、誰もがその人のよさを持っています。

Q なぜ、10年間黒字が続けられていますか？

A 1番の要素は人件費の支出が低いことです。2番目は「食」の販売が安定していることです。「家庭の味」を生かした料理が好評で、収入に大きく貢献しています。3番目は行政との連携で各種の助成金を受けています。加えて、多くの支援者からの資金的応援（賛助会員）を受けています。

Q 運営のための必要経費はどう確保したらいいでしょうか？

A 飲食業は景気や天候に左右され、収入を安定させるのは大変です。しかも家賃や水道光熱費などの固定費は確実に出ていくので、固定収入を考えることが欠かせません。私たちの場合、必要経費の多くを固定収入で賄おうと、ふたつの方法を考えました。ひとつはレンタルボックス（小箱ショップ）です。小箱を24個つくり、月々2000円で地域の腕自慢に貸し出しています。ふたつめは「朝塾」です。親が先に勤めに出てしまう子どもを預かり、7時30分から8時まで勉強を教えたり遊んだりしました。利用料はひと月5000円。子どもとさくら茶屋の両方にとっていい方法でした。それぞれの地域にあったニーズを見つけ、それを事業化して固定収入にすることが大切だと思います。

Q カフェをはじめる時、食器などはどうしたのですか?

A 多くは寄付で集めました。広報紙で呼びかけるとたくさん集まります。高齢の皆さんは、処分したいと思っていてもなかなか捨てられない。地域の皆さんに呼びかけることが大切です。

2 活動を育てるもうひとつの力

さくら茶屋にししば事務局長 阿部茂男

（1） さくら茶屋の強力な応援団

① さくら茶屋は多くの方々の愛に支えられている

商店街に居場所を開設しようという私たちの思いは、地域の住民に大いに歓迎された。それは前述した住民アンケートに表れている（36頁参照）。

アンケートに書かれた声の多さに私たちは驚いた。回収されたうちの約半数以上の方が意見欄に自分の要望や思いを書いている。書き足りなくてアンケートの裏面にも、あるいは別の用紙を用意して書いてくれた方もいた。

私たちの街（西柴団地）には地域ケアプラザなどの公共施設がない。食料品をあつかうお店が数件あるのみで、お茶を飲みながら友人と語り合う「居場所」はなかった。そうした場にはバスを利用して最寄りの駅まで出かけないといけない。さくら茶屋が商店街の一角にできれば、街に変化が生まれるのではという期待があったのだろう。アンケートの声は、まさに私たちが居場所を開設しようとした意図と合致していたので、「街の声」にそって活動を展開すればよい。協力を申し出てくれた方を巻き込んでいこう、という方向性が定まったのがポイントだった。

開店後は、ランチのお客さまもイベントへの参加者も一様に、「こんな居場所がほしかった」「地域の方との交流が盛んになった」「せっかくできたこのお店をずっと続けてほしい」とスタッフに直接語りかけてくれた。お店を訪れる多くの方が、今もそうした思いを持って足を運び続けてくれている。

お客さまとスタッフの語らいも盛んだ。地域の方々はスタッフがほとんど無償でお店の運営にあたっていることを知っている。「ありがとう」という言葉にも心が込もっている。お店には小銭が入る募金箱を設置しているのだが、そこにお札が入ることが度々もある。お店の存在価値を認めてくれているということだろうか。そうした期待がスタッフに伝わり、息長く活動する力となっている。

② 賛助会員制度

さくら茶屋は多くの人たちによって支えられている。そのひとつが賛助会員制度（一口3000円／年）だ。現在、賛助会員は150人ほど。8割が地域の住民で、趣旨に賛同して申し出てくださる遠方の方もいる。

自動更新とせず、毎年3月に賛助会費のご協力依頼を広報紙で発信しているのだが、広報紙が出るとすぐにお店まで会費を持ってこられる方が多い。「忘れるといけないので」とか、「昔、お世話になり本当に助かりました。せめてものお礼の気持ちです」「本当はここでお手伝いをしたいのですが、体調が悪いのでごめんなさい」という言葉と共に。「足が悪いので茶屋まで行けないのですが」と電話があり、恐縮して受け取りに行くと、ご夫妻で2口の賛助会員の申し込みをしてくださったこともある。

賛助会員になる人は、必ずしもさくら茶屋の利用者ばかりではない。地域にお住まいで一回も利用されたことのない人も、「いずれお世話になるかもしれないから」「地域にコミュニティカフェがあるのはいいことだと思うから、応援の気持ちです」と言ってくださる。賛助会費を集める時期になるといつも感動する秘話がいっぱい！　人間っていいなと思う。同時に、多くの人からの期待に応えなければ、と気が引き締まる思いがする。

思い出に残る人たち Mさんのこと

Mさんは、80代後半の明るくて楽しい方で、さくら茶屋をとても愛してくださった。ご近所の方を誘ってさくら茶屋で食事をしたり、お弁当を買ってくださったり、多くの人に「あなた、賛助会員になって協力しなさいよ。みんなボランティアでやっているのだから」と言って、多くの人を賛助会員に誘ってくださった応援団のおひとり。

そのMさんが体調を崩された。お子さんがMさんのおひとり暮らしを心配されて、長年住んでいた西柴の家を離れて施設へ入所されることになった。

その時、Mさんが趣味で集めたすてきなコーヒーカップを40個ほど寄付してくださった。さくら茶屋やカフェのコーヒーは、美しいコーヒーカップで提供されている。お客さまから「わあ、すてきですね！」と感嘆の声があがることも多い。

これらのコーヒーカップの大半を寄付してくださったのはMさんである。

（2）広報活動と協力者

① 広報紙

広報活動は「お店」を身近に感じてもらうために重要なポイントだ。お店やイベントに来たことのない人に、いかに興味持ってもらえるか、利用してもらえるかにもかかってくる。

広報紙の発行はさくら茶屋開店前からはじまった。「こんなお店を開設したいのでご意見くださない」という地域アンケートに予想以上の反応があったことから、その結果を全世帯に伝えることになった。それを誰がやるかと悩んでいたところに、アンケートに「協力します」とひと言書いた私のところに相談があった。現役時代に労働組合活動で広報紙などの編集、作成をしていたこともあり、それだけならばと引き受け、A４裏表の広報紙をつくることになった（37頁参照）。地域ケアプラザの印刷機を借りて２０００枚ほど印刷し、みんなで手分けして１６００世帯に全戸配布した。地域新聞としては目新しいデザインだったらしく、それが好評でその後毎月発行を担当することになった。

開設当時を振り返ると、当初からみんな意欲的で、知らせたい情報が次々と出され、一年後には毎月Ａ４版２枚の発行になっていた。配布協力者も十数人に増え、一人あたり50枚から１００枚ほどに分けて配布した。編集チームをつくる話が出たこともあるが、活動全体を把握しておく必要があるため、結局、定例的に話し合いを持つ事務局会議が広報紙の企画会議を兼ねるようになった。紙面は毎月のイベント案内のほか、内容や日程の紹介、連続シリーズものをふたつぐらい用意した。メインの記事は運営委員会で毎月論議している。定例の会議の存在が10年間継続発行のもとになっている。

読者は高齢者が多いので、字を大きくして、数行程度の短い文章で、ぱっと見

Ｑ　買い物支援の利用を考えていますが、どうしたらよいのですか
Ａ　ご利用者は登録をしていただきます。お名前と連絡先をお知らせ下さい。詳しくは担当者がご自宅に訪問し説明いたします。
Ｑ　利用料金を教えて下さい。
Ａ　登録者から電話などで注文を受け、ご指定のお店で買い物し、自宅にお届けするまでのご利用で一回につき２００円です。

買い物・生活支援のご相談は
０４５－５１３－５６３６

Ｑ　それ以外の費用の発生はありませんか？
Ａ　登録料や入会費、年会費などはありません。無料です。但し、一回の買い物の重量が２０㌔をオーバーするとか、複数のお店での買い物が発生する場合は追加料金１００円をいただいています。
Ｑ　そんな料金で運用できているのですか？
Ａ　「さくら茶屋」が実施しているこの買い物支援事業は、横浜市からの委託事業で、横浜市から資金援助をいただいています。したがってこうした料金設定が可能なのです。
Ｑ　週一回以上利用しないとだめなのでしょうか？
Ａ　原則的には週一回程度のご利用はしていただきたいのですが、月一回の利用でもかまいません。
Ｑ　注文は前日１７時までとなっていますが、当日注文は無理ですか？
Ａ　突発的な注文には応じかねる場合も想定され、基本的には前日までの注文としています。ただ現在運用しているところでは、当日の注文でも対応できていますので、その点はご注文の際ご確認下さい。
Ｑ　食料品や日用雑貨以外の買い物もできますか？
Ａ　お庭の土や椅子などの注文にも対応しました。その他、買い物とは異なりますが、蛍光灯の交換や病院などへのお届けものなどの生活支援対応も実施しています（但し、生活支援は１５分５００円の料金をベースに算定）内容によっては出来ないものもありますが、ご利用をお考えの方はご相談下さい。

広報紙「さくら茶屋」（2011年10月）の一部

て内容がわかるように工夫し、イラストも文章にあったものを選んでいる。ある時、お客さまがお店に来て「これ（家の蛍光灯を交換するイラスト）をお願いしたいの」とイラストを指して依頼された。生活支援をおこないます、という記事だった（前頁）。その時改めて、イラストは空きを埋めるものではなく、見出し、あるいはそれ以上にこちらの思いを伝える効果があると気づいた。

5年ぐらい経過してから、広報紙を「カラー刷り」に変更した。ネット印刷で注文すると、カラー刷りにしても、自分たちで紙を持ち込んでケアプラザで印刷するのとさほど経費が変わらないことがわかったからだ。データを自分で仕上げて入稿する手間はかかるが、やり方を習得すれば問題なくできるようになった。カラーになるとイラストや写真も多く使えて、ぱっと見てわかりやすく楽しい紙面となった。写真はプライバシーに配慮しながら大切に選んでいる。

身近な話題、近所の人が登場する紙面を地域の全世帯に配布している。写真を見て、自分が写っている、知り合いが紹介されていると話題になり、保存している人もいる。「コーヒーカップが不足しているので使っていないものがあれば譲ってください」「○○同好会をつくりたい方がいます、参加しませんか？」といった記事を書くと、必ず反応がある。

２０２０年３月　　第１２５号（１）　　特定非営利活動法人さくら茶屋にししば発行

ジンダイアケボノとともに
茶屋も桜も１０年目

　西柴のバス通りにトンネルを作っていた桜（右図）がジンダイアケボノに植え替えられて１０年、植えられた若木とともに「さくら茶屋」も地域の皆さんに支えられながらこの１０年育ってきました。これからもどうぞよろしくお願い致します。

さくら茶屋にししば

TEL/FAX 045-516-8560
発行責任：岡本溢子

昨年のジンダイアケボノ開花の様子

　「新金沢八景」のひとつとも当時言われていた西柴ショッピングセンター前の桜が、倒木の恐れがあるとして１０年前、現在のジンダイアケボノに変わりました。

　ソメイヨシノよりは幾分早咲きで、毎年３月中に見ごろが過ぎてしまいます。暖冬の今年は例年より早めの開花も予想されます。西柴ショッピングセンターは、そこも予想して「さくらまつりセール」を２１日からにしています。

　「さくら茶屋」という名前は、誕生の時期とさくらの植え替えの時期が一緒だったことから、応募された店名の中から選ぶ際に採用決定のポイントとなった縁のある樹木です。

　春を象徴するさくら、１０年目の桜を見に是非バス通りにお出かけください。よろしければ「さくら茶屋」に立ち寄り、ランチやお茶などをお楽しみ頂きたいと思います。

３／２１～２７
さくらまつり
西柴ショッピングセンター

西柴ショッピングセンターがさくらの開花に合わせて行うサービスセール、今年は３月21日から27日の間となります。各商店のサービス内容はセール期日前に各家庭に配布されるチラシをご覧ください。

「さくら茶屋とさくらカフェ」ではこの一週間の間、６００円以上のランチをお求めの方には５０円引きとさせていただきます。尚21日は豚汁とおにぎりのセットを販売します。

１２月から実施していた冬場の閉店時間を１６時半としていましたが、３月からは従来通り ラストオーダー１６時半まで、１７時閉店に戻して営業します。どうぞよろしくお願い致します。

３月は 歌の集い　昭和歌謡を生伴奏で

西柴夜話、4月は夕方開催

★これまで18時半以降に実施してきた催しですが、４月は初めて夕方の開催として試みることにしました。
★４月１８日（土）16時～さくらカフェにて
（夕食・飲み物有）

民話を予定

演　奏：健康歌声サロン
リーダー：石津光明さん
日　時：３月１９日㈭
14時～15時半予定
場　所：さくらカフェ
参加費：　５００円

　昭和歌謡を中心に唱歌などもいれながら、スライドを見て歌う懐かしの「歌声喫茶」です。ピアノ、ギター、アコーディオンなどの生演奏をバックに１時間半、約２０曲を歌います。リクエスト曲も受け付けています。自由参加ですので多くの皆様のご参加をお待ちしています。

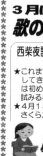

机、椅子、食器、ピアノ、ベビーチェアなども、そうして寄付されたものである。

２０１６年からは発行部数を３０００部に増やし、配布世帯も近隣まで広げて２８００世帯に配っている。40人ほどの協力者が手分けして配布しており、85歳を超える方も「毎月皆さんに配布するのが楽しみです」と言って元気に地域を回ってくれている。

広報紙は地域の方によく読まれていて、誤字や曜日の間違いなどを読者から指摘されることもある。ある時、イベントの日程を間違って掲載し、スタッフはそれに気づかないまま、地域の方が集まってきて、平謝りでお引き取り願ったこともあった。それ以降は二重三重のチェックを心がけている。

10年で１３５号（２０２１年1月）を突破した。毎月発行してきたおかげで、地域の方からいろんな声が届くし、気軽に記事を寄せてくれることも増えてきた。団地という小さな規模のコミュニティツールとして、さくら茶屋の大きな武器となっている。

② ホームページ

「インターネットは地域を越える。昨今の団体の活動を紹介するツールとして欠かせないものだ」。林さんは10年前の発足当時からネット活用を説いていた。しかし精通する人はいなかったので、林さんが自ら学んで「ＬＯＶＥにししば２００９ブログ」を立ちあげることになった。ランチメニューや販売物の紹介、活動内容やスタッフの様子、我が街の身近な歴史と今の街の様子など。写真や資料をふんだんに使い、一年間で１５０件を超える記事を掲載した。「アメリカに住んでいる娘が楽しく見ている」「西柴の歴史が面白い」「ブログを見ているだけでお店に行ったよう」と、２年足らずでアクセス数は３万件を越えた。

４年目にホームページを立ちあげた。これに関しては、その道に詳しい崎原朝宏《ともひろ》さんにホームページの設計と作成を任せ、日頃の更新はスタッフでも簡単にできるようにしてもらった。事業ごとに

さくら茶屋ホームページ

ページを設け、スタッフが更新するやり方だ。全国各地からたくさんの方がさくら茶屋に見学に来られるが、みんなホームページを見て来店されている。開設以来7年間でアクセス数は12万件を超え、想像以上の影響力に驚いている。

最近はフェイスブックで、日々更新を重ねている。更新を担当するのは、インターネット初心者の岡本理事長。「写真を撮ってコメント書いてアップするだけ。まずは慣れろですね。大事なことは継続すること。SNSはすぐに反応が返ってくるのでやりがいがある」と言う。インターネットは難しくて高齢者はついていけないと思いがちだが、サポートがあればやれることはある。つながると世界が広がる。紙の広報紙とインターネットの両立はこれからも続いていくだろう。

③ 掲示板

広報活動にもうひとつ貢献しているのが掲示板だ。掲示板を見ている人は案外多い。そこで自治会の掲示板に広報紙を張ってもらうよう交渉したところ、自治会の事業ではないから「難しい」との回答だった。「ならば、自分たちで掲示板をつくろう」と、スタッフや協力者の家の塀に「さくら茶屋掲示板」を置くことにした。せっかくならバス停近くや、人通りの多い人目につきやすい家に頼んでみよう、と趣旨を話して協力をお願いしたら、ほとんどの家庭が承諾してくださった。そうして2015年12月に掲示板を町内12ヵ所に設置することができた。今は14ヵ所に増えている。そこに毎月、お店の行事カレンダーと広報紙を張り替えている。これだと手間はそれほどかからず、地域の方に日程をお知らせできる。特にバス停前は効果的で、バス待ちの人がよく見てくれる。カレンダーの更新が遅れると、「あそこは元のままだよ」と指摘してくれる方もいる。よく見られている証だろう。

協力家庭のフェンスに設置された掲示板

（3） 苦労は多いが実りも多いNPO法人

① NPO法人って何？

開店当初、「素人集団のやること」「数年ももたない」と冷ややかな目で見られることも少なくなかった私たちだが、何としても「5年間は続けたい」という意気込みを持っていた。

地域の要望に耳を傾け、出された声に応えようと取り組んだ。地域を活性化させたい、という強い思いが地域の方々に徐々に伝わったのだろう。応援する声、感謝する声も広がっていった。朝塾や子どももイベントなどで若い世代との関わりもできてきた。地域の人材の掘り起こしができ、一緒に「新たな楽しみ」もつくれるようになった。利用者やスタッフも増えてきた。マスコミも注目してくれ、取材に訪れ報道してくれた。私たちも広報紙などで情報発信を続けた。

一年たって営業収支は黒字となっていた。もちろん、人件費は全く支払っていなかったのだが。それでも、このまま何とか継続していけるのでは！という気分になっていた。そんな時、持続的に経営を安定させようとするなら「NPO法人化」したらどうかとの声があがり、検討することになった。

② もうけ第一ではないお店

最初は「ＮＰＯとは何ぞや」からはじまった。会社役員の経験を持つ高砂康男さんが、「法人化のメリット・デメリット」「会計処理法」について資料をつくり、林さんが「ＮＰＯの基礎知識・現状と将来」の資料をつくってスタッフ会議に持ってきてくれた。

ほとんどが主婦の集団だけに法人などにはほとんど無縁、何を質問していいかもわからず、沈黙することもたびたびあった。でも法人化すれば社会的信用が得られ、「もうけ第一ではなく非営利のお店」だと地域の人たちに伝えることができる。それで経営が継続・安定に向かうならよい話だ。しかし事務作業や会計処理が大変そうなので、そこがクリアできればと話の大筋がまとまり、準備をすすめることになった。

法人化の最大の悩みはその会計処理であった。それまでは他団体での会計の経験のある方を頼りに処理していた。しかしＮＰＯの法人会計までは無理、かといって専門家に依頼するのもどうかと悩んでいた。そんな時、簿記の知識がある崎原さんがスタッフに加わってくれた。彼女もＮＰＯの法人会計に携わるのははじめてだったが、商学部卒ということでちょっと強引にお願いすることになった。彼女自身相当の努力をされたと思うが、「NPO法人さくら茶屋にしば」はそこで最大の難関を乗り越えたのである。

定款《ていかん》は先進団体のものを参考にしたが、「設立趣旨」だけは時間をかけて論議し、次のような内容（次頁）で、横浜市に申請し受理された。

③ NPO法人の効果

NPO法人になったからといって、すぐにその効果は出てこなかった。活動報告が義務づけられ、会計の処理・収入や支出の細分化など面倒な作業が増えていった。当初は「これで本当に経営が安定するの？」と疑問が拭えなかった。

しかし、その効果は徐々に表れてきた。

それまで行政のホームページなどで各種の「助成制度」をよく見ていたが、条件が合うものを探すのはなかなか困難であった。それがNPO法人格を取得したあとは行政サイドとのやり取りも増え、「街づくり」「市民活動支援」のさまざまな支援策の中から、私たちの活動を後押ししてくれる制度や助成金などの情報を紹介されるようになってきた。さらにはNPO法人化で対外的に「活動内容や会計報告」を明確にしたことで、今度は地域

◆ 特定非営利活動法人　さくら茶屋にししば　設立趣旨書 ◆

横浜市金沢区西柴およびその周辺地区は、少子高齢化の進行にともない、空き店舗、空家の増加など、まちの活力が失われつつあり、子育て、介護、防犯、防災、買い物など様々な分野で問題が生じています。このような問題は、横浜市内でも多くの地域で見られ、まちづくりにとっても大きな課題になっています。

私たちは、商店街の空き店舗などを活用して、子供から大人までの多世代が集う交流拠点を築くことにより、お互いが支えあい協力し合う元気な地域社会の実現を目指しています。

このため地域住民に呼びかけ、参集したボランティアスタッフで、食の提供などを通じた交流拠点の運営、各種教室やイベントの開催、広報紙やインターネットによる活動の情報発信などに取り組んできました。

今後は、介護予防や認知症予防の講座の実施など高齢者支援や、商店街やまちの活性化につながる取組みをさらに充実させるなど、地域の課題解決に資する活動を広げていきます。合わせて、活動の情報発信を積極的に行うことで、より多くの地域で人と人とが支えあい協力する地域社会づくりに寄与したいと考えています。

そのためにも私たちは、社会貢献活動としての趣旨を明らかにし、多くの方々から協力を頂くことで、安定した組織と経営基盤を築き、継続的に活動するために、特定非営利活動法人を設立するものです。

平成23年9月11日
法人の名称　　特定非営利活動法人　さくら茶屋にししば
設立代表者　　岡本　溢子

活動や福祉活動、ボランタリー活動を応援しようという各企業が募集する制度も紹介されるようになり、支援を受ける数が増えていった。なかには、企業サイドから私たちを指名して「活動支援」を申し出ていただくということも現れたのである（229頁参照）。

ただ助成制度の中には、事業開始後3年間などと期間を限定するものが多い。期間満了後は自立せよということなのだろうが、助成金を予算の中に組み入れ、先を見ずに執行した結果、支援打ち切りの際に慌てて経費の大幅削減をせざるを得ないということがあった。助成金、補助金は使い切るということになりがちだが、それよりも先の事業展開を見通すことの重要性が、運営してみてはじめて気づかされることであった。

（4）さまざまな後押しで活動の幅が広がる

周りからの支援を得たことで、私たちも次第にお店の活動以外の外部にも目が向けられるようになり、活動の幅が広がっていった。

① 自治会との連携

地域内を見れば、まずは自治会との連携は欠かせないものだ。私たちは当初、自治会に連携と支援をお願いしたが、賛同が得られなかったことに失望も覚えた。ただ、まだコミュニティカフェの認知度が低く、カフェ営業というと地域活動とは映らなかったことは無理からぬことだった。10年という年月の中で、私たちの活動は「地域の居場所」として定着し、私たちスタッフも自治会活動に参画していることで理解も深まってきた。徐々に自治会の会合に茶屋が使われたり、自治会の会議に「さくら茶屋」が呼ばれ意見を求められたり、役員経験者が私たちの活動を応援するなどの変化が増えてきた。

この街を「終の棲家として住みやすく支えあう街づくりをしたい」という思いは共通している。互いに長所短所はあるだろう。物事に即応できる私たちの利点と、防犯や地域環境をはじめ組織力を持つ自治会の長所を、互いに生かせる活動をしていくことが今は一番であると感じてきている。

② 商店街との連携

わが団地内には貴重な商店街が存在する。高齢化が進むにつれて、歩いて買い物ができる場としてなくてはならぬ思いが住民には強い。しかし、小規模な商店街では、顧客の獲得に各個店が常に苦労し経営のやりくりに必死の状況だ。どうやって商店街に人を呼び込むか、私たちも商店街の一員として各商店の方々と連携して活性化をめざした。ランチなどの提供や各種イベント開催をおこなう「居場所」を2店舗開店し、これが結果的に商店街へのお客さまの誘致につながった。七夕やハロウィンなど商店街ぐるみのイベントや店頭販売などで、にぎわいづくりにも努力してきた。しかしそれらにも限界がある。需要の拡大、利便性、街のにぎわいなど「街づくり」という大きな視点が必要で、商店街の方々の個々の努力だけでできるものではない。「これからの将来ビジョン」も展望し、地域の企業や団体、行政、地域住民をも巻き込んだ協力・協同が必要であろう、その中に私たちの役割があれば果たしていこうと思っている。

③コミュニティカフェのネットワーク

●金沢区コミュニティサロン連絡会

さくら茶屋は金沢区内のコミュニティサロンとしては先駆けだが、その後、いくつかのサロンが誕生した。現在7つの拠点があり、共に地域の居場所づくりを応援しようと、金沢区役所を事務局として「金沢区コミュニティサロン連絡会」として活動している。2ヵ月に1回会合を持ち、情報交換をしたり、区役所主催のフェスタに共同参加している。それぞれ結成の母体や、対象が多様なことを生かして、どんな形態の拠点づくりにもアドバイスができるように連携を続けている。

●横浜コミュニティカフェネットワーク

横浜市内のコミュニティカフェの集まりにも参加している。それぞれの実情に合わせて、どこも「街のにぎわい」をつくり出しており、先進部分から学ぶところが多い。よいと思えば遠慮なくまねることも大切だ。私たちも他店のテーブルや椅子、店の配置などを参考にしている。交流の中で得るいろいろな情報、活動へのアドバイスなども大いに役立てている。

④ 外からの評価が自分たちの活動をふりかえるきっかけに

さくら茶屋には、市の内外から、遠くは福岡、大分、宮崎、岩手、兵庫県宝塚市……などの多くの行政や団体からの見学がある。私たちはこれまでの経緯や取り組みをお話するだけなのだが、驚かれたり、感心されたりする。日頃やっていることが、外の目から評価されることで、自分たちの長所や強みを知ることになった。

また、行政側からの表彰、マスコミの取材・報道、各種団体からの表彰などもいくつか受けた（229頁参照）。こうした表彰や評価は、世間や地域の方々からの信頼につながり、私たちの大きな支えとなっている。

5章

さくら茶屋を描く
80色の色鉛筆

1　80人のスタッフは唯一無二の色を持つ

編集委員

① 1ダース、12人の紹介

さくら茶屋は多くのボランティアで成り立っている。この10年の間で100人以上の方からさまざまな協力があった。その一人ひとりがそれぞれの色を出し、誰ひとり欠けてもさくら茶屋の色はつくり出せなかっただろう。今は80人の80色でのコミュニティカフェをつくっている（233頁〜スタッフからのひと言参照）。

ここにすべての人を紹介することは難しいが、さくら色を色濃く染めた1ダース、12人の方々を順に紹介したい。

広報紙といえば　阿部茂男さん

さくら茶屋の広報紙は、2009年10月に1号が発行され2021年1月に135号を迎えた。さくら茶屋開設の準備の様子から発行をはじめ、地域の人にさくら茶屋の存在を、魅力的にアピールしてきた。この広報紙を一手に担っているのが阿部さんである。現役時代に組合活動で担当していた広報の経験が生きているそうだ。

さくら茶屋の広報紙を見たことのある人は、その読みやすさ、構成のうまさに感動する。よく「プロにつくってもらっているのですか?」と聞かれる。「いやいや、茶屋のスタッフがボランティアでつくっているのです」と言うと、一様に驚かれる。写真やイラストを効果的に配置したわかりやすい広報紙で、西柴地域のタウンニュースと言っても過言ではない。

さらに、さくら茶屋の事務局長として10年、企画運営にもその手腕を振るってきた。

スタッフの星　飯田益美さん

飯田さんはさくら茶屋創立メンバーのおひとりで、最高齢の84歳。

茶屋の水曜日の看板メニュー「松花堂弁当」には、飯田さんのアイデアとセンスと愛が詰まっている。毎週彩り豊かなメニューを考える努力は並大抵ではないはずだが、それすら楽しむ度量を持ち合わせている方なのだ。

　創立以来、体調の優れない時も、思わぬけがをされた時もあった。そのたびに不死鳥の如《ごと》くよみがえり、水曜日にはマイクならぬ菜箸を手に、お客さまからの「おいしいわ〜」の声を引き出している。「来てくださる方に喜んでもらえるのがうれしい。それが復帰の活力」。そうおっしゃる飯田さんは、夜の航海を導く北極星のように、さくら茶屋に輝いている。

地域の生き字引き　梅木隆史《たかし》さん

　梅木さんは昔、新聞屋さんをしていたので、さくら茶屋の広報紙3000部の仕分けをお連れ合いと二人で実に手際よくされる。梅木さんの仕分け作業があるから広報紙は2、3日のうちに全戸配布されている。

　さらに梅木さんの記憶力はずば抜けていて、金沢区内のことなら大体知っている。さくら茶屋に来る見学者の案内人に打ってつけの人物である。また、歌の集いの責任者もしており、参加者を増やそうと個人的にポストに手紙を入れ勧誘している。

人をつなぐ功労者

岡本溢子さん

さくら茶屋に多くの人をつなげる最大の功労者は理事長だ。誰であろうと、相手の幸せを思って声をかける能力は天性のもの。スタッフのほとんどが岡本さんから誘いを受けているが、その際「必ずその人のためになる」との信念があるという。そして相手を信頼して事を任せる。その人が重荷と感じていたら必ず手を差し伸べてフォローする。だからスタッフからの信頼は厚い。お客さんに対しても必ず笑顔で迎え入れ、気持ちを察しながら商品をすすめるので実によく売れる。フットワークも軽く、何かあるとすぐに行動に移すバイタリティもある。長年、小学校の先生として子どもたちを見守ってきた経験が、人のよさを見抜く力、人と人をつなぎ、もめ事があっても動じずにこやかに対処する能力などに磨きをかけているのだろう。今でも教え子が訪れてくるのも納得がいく。

さくら茶屋の金庫番

岡本嘉一郎《かいちろう》さん

さくら茶屋の現金の管理を一手に引き受けてくれているのが岡本嘉一郎さんだ。

食材費や各種事業の準備金、交通費の支給、レンタルボックスの支払金の手配。細やかな気遣いが必要となる、多くのスタッフが苦手とする影の仕事を担っている。それも、嫌な顔などひとつもせずに。目立たない仕事だが、嘉一郎さんなくしては、茶屋はお米すら買えないのである。

目立たないと言えば、NPO法人としての役所への手続き仕事もある。正確さとマメさが必要なこの類の業務も、すべて嘉一郎さんが担っている。

「イケイケ！ どんどん！ スピード重視！」のさくら茶屋において、「それはいかがなものか」と現実的に検討する冷静な目を持ち、ふと立ち止まらせてくれるお目付役でもある。法人としてのバランスを取っているおひとりは、間違いなく嘉一郎さんだ。

行動力が輝く　大月美登里さん

さくら茶屋発足当時、高齢者が元気に生き生きと暮らせるにはどのような事業を組み立てていくかという課題があった。折り紙教室、オレンジデー、おしゃべりカフェなどの「ほっとサロン」事業の基礎を築いたのが大月さんだ。また、講演会などに積極的に出かけて話を聞き、これぞという講師の方を見つけてきたり、常に他の地区の集いを訪ね、知識や情報を集めている。その内容を生かした講演会などをさくら茶屋で企画するのも大月さんだった。スタッフの中では飯田さんと同年輩であり、お連れ合いの介護を続けながら、その経験を高齢者事業の中に生かしていた。実践を通しての活動だから説得力がある。自転車を颯爽《さっそう》と乗り回しての行動力は多くの人の目に焼きついている。

カフェスタッフと会計担当、二足の草鞋《わらじ》　崎原美佐緒さん

さくら茶屋がNPO法人になる際に、大きな懸念となったのが、横浜市への事業報告、特に「会計報告」であった。

どういうわけだか、さくら茶屋にはどんぶり勘定が得意なスタッフが多い。コミュニケーション能力には長《た》けていても、売りあげの数字を合わせるのは苦手。そこで白羽の矢が立ったのが、うっかり「商学部出身」とバレてしまった崎原さんである。

「商学部といえばソロバン。ソロバンと言えば会計」。理事長はそう思って、NPO法人の会計を手伝ってほしいと声をかけたというが、「さすがにソロバンはやっていない」

と、本人は月末、年度末に電卓をたたいている。「大変ね」「責任感が強いのね」と言ってもらえることが多い仕事だが、楽しくなければやっていない。「茶屋に差し出しているものよりも、もらったもののほうが多い」とは本人の弁。

さくらカフェで子どもたちからの「ありがとう！」の声をもらい、スタッフからは「あなたがいてくれるから」と労《ねぎら》ってもらう。そして「ここでなければ」と思って活動している崎原さんとさくら茶屋は、相思相愛の仲なのかもしれない。

げんきライフ　炭竈《すみかま》美枝さん

さくら茶屋は、横浜市介護予防・生活支援サービス補助事業・通所型サービスBを申請し、「げんきライフ」を２０１７年10月からおこなっている。この新しい事業の責任者が、福祉事業の経験豊富でベテラン、でもさくら茶屋ではニューフェイスの炭竈さんだ。

「げんきライフ」のプログラムの豊富さと面白さは、炭竈さんなくしては成立しない。高齢者事業に長年携わってきた豊富な知識と懐の深さで、どんな参加者でも、慌てず騒がず、穏やかに優しく接する度量の持ち主である。

もしお世話になるなら、炭竃さんのようなスタッフがいる通所場所に通いたい。スタッフの中からも、そんな声があがるほどだ。炭竃さんの笑顔が迎える「げんきライフ」は大盛況。さくら茶屋の大きな柱のひとつとなっている。

地域のことなら何でも知っている　瀬川常子さん

瀬川さんは、初期から活動に参加し、理事長と共にがんばってきた重要なメンバーである。瀬川さんのすごいところは、団地の住人のことを実によく知っているということだ。自治会活動や民生委員として30年近く活動してきたからだろうか。西柴団地に対する思いは強い。記憶力もよく、実によく人のことを覚えている。「あの人どうしているかしら？」「この間来たお客さん、ひとり暮らしかしら。ちょっと心配だけど」などと話すと、直ちにアドバイスをくれる。まさに地域の顔である。声かけも上手で、顔が広く西柴夜話の講師なども「この人は歌がうまい」「ギターならやってくれる人がいる」などとすぐに紹介をしてくれる。

面白いアイデアをいっぱい出してすぐに実践する　樋口修一郎さん

樋口さんは、設立前に最初にボランティアを募集した時、手をあげて参加してくれた貴重な男性ボランティアである。大企業の役員を退職されたあと、有志で研究会をつくり、社会をよくしようと活動されていた。

樋口さんは、発想が豊かでさくら茶屋の活動を豊かなものにしてくれた。

- 食通なので、料理にこだわりがあり唯一のさくら茶屋の男性シェフとして、金曜日の西柴ラーメンとビーフンを提供。
- さくら茶屋のブランド商品「さくらスモークチーズ」を考案。
- 「さくら茶屋サミット」を提案し、関東各地の同じ名前を持つ「さくら茶屋」8軒を訪問して回った。
- 「西柴夜話」の責任者として、その基礎をつくった。
- 男性ボランティアを獲得するために「先ず飲もう会」を提唱し現在も続いている。

現在は第一線からは引いて、応援団としてさくら茶屋をあたたかく見守ってくれている。

平林さんなくしてははじまらない子どもイベント

平林美玲《みれい》さん

さくら茶屋の「子どもイベント」は、平林さんがいたからはじめることができた事業だ。アイデア、子どもへの声かけはピカイチ。平林さん率いる若手スタッフ集団（チーム平林）が話し合って組むプログラムは、毎回子どもたちを大いに楽しませている。チーム平林は仕事をしている人も多いのだが、そこはさすが若手。仕事を分担し合い、それぞれが得意なことを生かし、ライフワークバランスを率先している最先端チームだ。ベテラン茶屋チームが学ぶことも多い。さくら茶屋への子どもたちと保護者からの信頼は、チーム平林がつくりあげてきた財産である。

縁の下の力持ち

松尾尚子《しょうこ》さん

お店をやるということは、実にいろいろなものが必要だ。各種調味料、お弁当箱、さまざまなカップ、トイレットペーパーから、ティッシュ、野菜など数えあげればきりがない。これらを一手に引き受けて買い物をするのが松尾さんだ。松尾さんはいやな顔ひとつせず、小柄なのに大きな車を上手に運転して買い物に忙しく動き回る。松尾さんにしかできないことだ。

ケーキやパンを焼くのも料理も上手。神様は不公平だ。どうして松尾さんにばかりこんなに才能をいくつも与えたのかと思うぐらいだ。さくら茶屋は縁の下の力持ちの松尾さんに支えられている部分が多い。

買い物支援の担当者としても活動しているが、その人の身になって親身に対応するので利用者からも信頼が厚い。

その他にも、電車やバスを乗り継いでさくら茶屋の活動を支えてくれている人、1日の締めのために週3日も来てきちんと会計をしてくれる人、きれい好きで時間さえあればお掃除をしてくれる人、紙芝居づくりに絵を描いてくれた人、「80代コンビ」で仲良く大家族食堂（さくら食堂）の調理を楽しんでいる人などなど。一人ひとりがさまざまな色を出し合いながら、多くの方が一緒になってつくってきたからこそ、やさしい、誰でもが気軽に立ち寄れる居場所ができたのだと思っている。

スタッフ紹介の最後を、あるボランティアの声で締めようと思う。

さくら茶屋と私

戻る場所があることが支えに

A・O

私がさくら茶屋のボランティアをするきっかけになったのは約8年前。心の病で働くことができず、働く練習をしたいと思っていた時に、岡本さんに声をかけてもらいました。最初はランチを出すおかずの盛りつけやお惣菜を詰める仕事。お客さまが来たら接客。当時は、ふたつのことが1度にできず…。お客さまの対応も思うようにできませんでした。なれない作業に毎回、帰ると2時間ほど寝込んでしまう状態でした。

自分はみんなのように手際よくないし、なかなか仕事も覚えられなかったけれど、周りのスタッフにはいつも声をかけて励ましてもらいました。メモを取り、スタッフのみんなに教えてもらったことを家に帰って思い出し、次に生かそうとがんばって覚えました。

さくら茶屋と私

途中、体調を崩してしばらく離れていた時期がありましたが、ボランティアなので戻る場所があるということがとても支えになりました。

8年も続けられたのは、スタッフの皆さんにあたたかく見守ってもらえたから。あまり体調が良くない日でも、多少無理ができる場合は参加し、みんなで楽しくおしゃべりをすることでよい気晴らしになったから。

同じ失敗をしても、人より時間がかかっても、少しずつ進歩できることで自信がついたから。

今は家庭を持ち、月2回程度のお手伝いですが、変わらずスタッフのみんなに支えられて楽しく働ける貴重な時間になっています。

私のようにいろいろな理由で普通に働けない人にとっても、こういう場のボランティアは、社会とつながる大事な場所のひとつだと思っています。

6章

これからのコミュニティカフェ

～新型コロナウイルス感染症（COVID‐19）から見えてきたもの

1　コロナ禍で表面化したもの

さくら茶屋にしば事務局長　阿部茂男

①対立と連帯が表面化したコロナ禍

新型コロナウイルス感染症（COVID-19）の世界的大流行は、一向に収まる気配を見せない。中国で新型コロナウイルスを発見したというニュースが流れてから一年余り、確認された世界の感染者数は9539万人を超え、死者数は203万人（2021年1月19日現在）を上回る。日本の感染者数は欧米各国ほどではないものの、海外帰国者や国内での人の移動によって感染は全国に広がり、病院や介護施設などでも多くのクラスター（感染者の集団）が発生した。無症状の人からも市中感染が広まるなど、新たな感染形態も現れ、まだまだ解明されぬところが多い。

もと通りの生活を取り戻すのは数年先とも言われている。人々は「不安」を抱えたまま、長期にわたって目に見えない「恐怖」に立ち向かわなければならない生活が続くだろう。

この間、さまざまな真偽不明の情報が飛び交うことで、物の買い占めが起きたり、感染を恐れるあまり、感染者へのいやがらせや攻撃、偏見や差別といった対立が起こった。一方で、感染者の治療や感染対策に身を挺《てい》して貢献する病院関係者、介護関係者の努力、その行為が多くの国民に感動を与えた。その活動を励ます市民の感謝の声や激励、支援行動という連帯が無数に生まれたのも特徴的な出来事だった。

この違いはいったい何なのか、そこには相手を思いやる心、信頼関係の深さが影響しているのではないだろうか。

② さくら茶屋を休業して見えてきたもの

感染予防のための自粛要請が続く中、さくら茶屋も休業を余儀なくされた。

2020年3月には「3密」につながる事業はすべて休止し、緊急事態宣言を受けて4月上旬から5月末まで食事の提供も一切休止した。

「さくら茶屋で仲間と会えるのが楽しみだったのに」「ひとり暮らしなので、手づくりのおいしい食事をあてにしているのに」「せめてお弁当だけでも販売してほしい」と戸惑う地域の方々の声が聞こえてくる。逆に、「さくら茶屋が再開するまでは何とか自宅でがんばるから」と励ましてくれる方もいる。さくら茶屋を支えてきたスタッフもやむを得ずステイホームの生活を体験し、さくら茶屋でのボランティア活動がいかに自分の生活に張りをもたらし、元気の源になっていたかを実感した。

ひとりのママさんがコロナ禍の西柴の街について次のような思いを寄せてくれた。

さくら茶屋 あ・れ・こ・れ

コロナがもたらした街の風景（H・M）

緊急事態宣言が発令され、人との接触を8割削減するようにとニュースが声高に報道する中で、さくら茶屋も休業を余儀なくされた。街は静まり返り、人通りの少なくなった商店街は、それまでの活気もどこかに潜んでしまった。

その風景は、思いがけず〝さくら茶屋ができる前〟の街の風景を思い起こさせた。シャッターが閉まり人通りの少ない商店街。少子高齢化した街は昼間でもすれ違う人も少なく、ゆとりのある住環境が、現代社会では、より孤独感を強める要因にもなった。

その後、商店街にさくら茶屋ができ、足を運ぶうちに私はさくら茶屋のボランティアスタッフをつとめるようになり、地域の方とたくさんのつながりができた。子どもの成長を共に見守ってもらい、一気に街が、親子の生活が、色づいた。近寄り難かった商店街も、さくら茶屋に足を運ぶことで居心地のよい居場所となった。

コロナがもたらした街の風景は、図らずとも、さくら茶屋が活動してきたこの10年を振り返る時間となった。さくら茶屋ができて街は活気づき、住民の生き生きとした交流が生まれた。住民たちの生活の中にさくら茶屋が根づいていった。地域の大人たちだけでなく、子どもたちとの交流もできた。子どもイベントの時だけでなく、お水をもらいに、トイレを借りに、そうやってお店に寄った子どもたちと他愛のない会話をする。時には学校での悩みに耳を傾ける。この10年間、細々とだが着々と育ててきたつながり。

緊急事態宣言が出て、行き場を失った子どもたち。外で集まって遊んでいるだけでとがめられる。誰がこんな窮屈な世界になると想像しただろう。子どもたちは大人の用意した世界の中でしか、生きていくことは難しいというのに。中・高校生たちが毎日、夕方の公園に集まり、大声を発しながら遊んでいた。遊びを楽しんでいるというよりも、先の見えない未来に対しての不安、口に出せないいらだちのようなものを感じた。

大人が不安になった今こそ、子どもたちに「大丈夫だよ」と手を差し伸べなくてはならないのに。ソーシャルディスタンスという「壁」を前にして、居場所に誘うことも容易ではない…。

③テイクアウトで営業再開

5月25日の緊急事態宣言の解除を受け、さくら茶屋はテイクアウトを中心に6月1日から営業を開始した。店内は消毒を徹底し、ソーシャルディスタンスを取って入店は3人までに制限、来店者には体温測定、手指の消毒、マスク着用をお願いした。

2ヵ月の長期休業にもかかわらず、お客さまは待っていてくださり、お弁当やお惣菜の売りあげは好調だ。感染者数が減らない現況では、おしゃべりを楽しみながらの会食はまだまだ先のことになりそうだ。

3月から9月までの半年間、さくら茶屋では店内でのランチ提供を中止し、お弁当などのテイクアウトを続けた。お弁当を食べる場がほしいという声があり、7月からさくら茶屋より空間的に広いさくらカフェで、席数を減らしてお弁当の飲食に限って場を提供した。その後、

テイクアウトのみでお店を再開

「汁物や食後のコーヒーが飲みたい」という要望が多いことから、人数や飲食時間の制限、飲食時以外のマスクの着用などいくつかの制限を設けて、10月5日から、さくら茶屋でのランチの提供を再開した。ただこれまで同様、お弁当などのテイクアウトやパンなどの販売も同時におこなうため、狭い店内での飲食は当面4席とし、店外のテラス席を増やしたり、さくらカフェを利用してもらうことで対応している。感染予防を第一に考えながら、新しいさくら茶屋スタイルを模索していきたい。

④ 私たちはひとりじゃない

コロナによる長期休業は、さくら茶屋が10年にわたって積みあげた「顔の見える関係」を一時的に断つことになった。ひとり暮らしの高齢者、小さな子どものいるご家庭。保育園・幼稚園や学校が突然お休みになってしまった子どもたち。多くの街の声が届かなくなってしまった。

「ステイホーム」で誰とも会わず、会話しなくても、インターネットで注文すれば必要なものが手元に届く時代ではあるが、改めて思う。人と人との絆を明日への活力にして、コミュニティカフェで再び街を元気にしていきたい、と。

感染症との闘いは今回だけでなく、災害と同様にいつでも起こりうる。厚生労働省の掲げる「新しい生活様式」も考慮した事業展開も課題となる。それでも、「私たちはひとりじゃない」。そのひと言を伝える場所であり続けたい。さくら茶屋の挑戦はここからまた新たな幕開けとなるのだろう。この10年で築きあげた絆は、目には見えなくても、心の奥底に必ず根づいている。大人だけでなく、子どもたちの声にも耳を傾け、コロナのあとも「居場所」であり続けるための試行錯誤を続けていきたいと思う。

2　私たちが考えるこれからのコミュニティカフェ

私たちはこの10年間「人と人とが支えあう地域づくり」をめざしてきた。今回のコロナ禍を通してその大切さを身に染みて実感している。

「街づくり、地域づくり」の形はひとつではない。その街に合った、その街に住んでいる住民のやり方があると思う。ここに私たちがこの10年間の活動の中で、そしてこれからも大切にしようという事柄をまとめてみた。

(1) ポストの数ほどのコミュニティカフェを

「他の人の意見を聞いてみたい」「誰かに相談したいことができた」「人とおしゃべりがしたい」などということはよくあることだ。さくら茶屋はそんなことが気軽にできる地域の居場所なのだ。その気軽さは、自宅から歩いて行ける場所に話し相手がいるからできるのだろう。だから私たちは全国に「ポストの数ほどのコミュニティカフェ」ができたらいいいね、と話している。

そんな場は周りを見てもどこにもない、人、金、ものだって必要だし、とうてい無理という声が聞こえてくる。確かにハードルは高い。でもすべてが揃わないとできないわけではない。私たちももともとの出発は顔見知りの仲間の意気投合からはじまっている。

一番のカギになるのは「居場所がほしい」という思いである。月1回でも2回でも、地域の人が歩いて集える場をつくる。自宅のひと部屋を提供したり、地域の集会所を借りたり。空き家があれば大家さんに交渉してみるのもいい。そこに行けば誰かに会える、そんな場があればいい。それが定期的に継続して集えるのであれば、もうその時から「居場所づくり」ははじまっているのだ。

話し合いだけでなく、今度は参加者みんなで食事をしながら談笑しよう。食事は買ったものを持ち寄ればいい。一緒につくれたらなお楽しいだろう。同じテーブルで食を囲むことで、それまで他人だった関係が急速に縮まっていくことは、私たちはこの10年間で多く経験している。

「居場所」は地域に安らぎをもたらす。そうしてできたコミュニティを地域の方々から「なくしてほしくない、ずっと継続してほしい」と声があがれば、もうその時点で地域に影響を与える、街を動かす力となっているのだ。

「街も人も元気にするコミュニティカフェ」への挑戦、そんな経験を多くの方々に提案したい。

(2) 街の様子をよく見ていこう

①「日常」の変化に敏感になろう

10年さくら茶屋を続けていると、街の人たちの様子も何となくわかってくる。毎日来ていた人が来ないと不安になって家を見にいったり、がんで闘病中の方の食事に気を遣ったり、認知症の症状が重くなった方の家族とお話をしたり、ひとり暮らしの高齢者が少し気になり見守ったりしている。ちょっとした相談にのったり、お弁当を届けたりすることもある。新しく引っ越してきた方には、情報を提供したりして、街に早く溶け込めるように配慮したりする。プライバシー保護に配慮しながら、曜日ごとのリーダーを中心に情報を共有し、手立てが必要であればできる範囲の対応をとるようにしている。毎日営業しているからこそできる、私たちの長所であると思っている。

子どもの成長を見るのも楽しいものだ。赤ちゃんの時から知っている子は、もう小学生や中学生だ。子どもイベントに参加する側だった子が、今では自分たちで小さい子の面倒を見ている。自分の親以外の大人と話すことで悩みや課題が解決したり。子どもイベントではそんな貴重な場面をいくつも目にしてきた。

子育て世代のママたちも悩みは多い。「子育ては大変。でもさくらカフェで息抜きができるのが救い」などと話してくれる。人と話すことで不安が解消されたり、子育てを終えたスタッフが関わることで安心感も出てくる。

こうした街の日常を見ながら、問題があればそれとなく励ますことで、地域の方々からの信頼感が生まれ、新たな問題に遭遇した時に、さくら茶屋を訪れて悩みや不安を語りはじめる人も少なくない。日常の「おせっかい」は、街の様子がよく見えるメガネなのかもしれない。

② 地域住民と共に街の問題解決を

「コミュニティカフェは街の人たちが育ててくれている」というのが実感だ。

さくら茶屋の活動を支援してくださる賛助会員の会費だけでなく、寄付が寄せられたり、店内に設置した募金箱にもご支援をいただいている。その金額はこの10年間で、優に

7ケタに到達するほどの金額だ。金額だけで量れるものではないが、それが私たちの活動を支え、大きな後押しとなっていることは間違いない。そこに示された感謝の気持ちはスタッフのモチベーションアップにも十分つながっている。

利用者がサービスを受けるだけの存在ではないということだ。地域の住民同士が、暮らしやすい街をつくる共同作業に参加している。安心、安全、やさしさと楽しさがあふれる街づくりに、住民がみんなで向かっていく。そうした思いを受け止め発展させる力をコミュニティカフェは持っている、との思いを今強くしている。

(3) 自分の街づくりを探求しよう

① ネットに強い街づくり

現在の通信技術の進歩はめまぐるしく、インターネットや電話回線を利用したさまざまなコミュニケーションのスタイルが生まれている。私たちの地域でも高齢者を含め多くの方々にとってスマートフォンや携帯電話は必需品となりつつある。こうしたツールが、人的交流が激減したコロナ禍の現状に変化を与えたり、外出や移動の困難な人、ひとり暮らしの方々の孤独やストレスの緩和につながるのであれば、利用の幅を広げていく価値があるだろう。

ただ、便利になるのはよいが、新たな機種が次々と開発され更新を迫られる。機能はどんどん追加されてくるが、あってもほとんど使用することがなく、逆に手を出して元に戻せないなんてこともよく聞く話だ。「オレオレ詐欺」やデータ盗難、ネットを悪用した犯罪なども後を絶たず、興味は湧いても利用拡大に躊躇《ちゅうちょ》する人が多いことも事実だ。

だから、便利な機能なら誰でもが安心して使える、トラブルがあってもそこそこの対処法がわかる、何かあれば相談できる隣人がいるなど、ネット社会に強くなる地域、街づくりが求められているのだろう。

横浜市では2020年7月、コロナ禍で市民の公益活動を応援するとして「オンラインによるコミュニケーションツールの導入」を促進させる助成金制度を設けた。私たちは早速応募し、その資金で「さくらカフェ」にネット環境の整備をおこなった。

通信速度を引きあげ、リモート通信機能を充実させるため多機能パソコンや大画面テレビを導入。リモート通信を効果的にするため、高性能のスピーカーマイクやカメラも導入し、オンラインアプリも契約した。

２０２０年１０月　　第１３２号（３）　　特定非営利活動法人さくら茶屋にししば発行

さくら
Chaya Cafe
Salon / Other

さくら茶屋　TEL/FAX
０４５-５１６-８５６０
さくらカフェ　TEL
０４５-８７７-３８６６

西柴の街の活性化に向けて

あなたもリモート通信で

この６月より、地域の有志による「西柴の街の活性化」を目指して毎月会合を行っています。今回、横浜市の「市民公益活動緊急支援助成制度」に応募したところ、支援が決定しました。そこで、活性化の一環としてオンラインによる「リモート通信」の環境を整え、高齢者を含め地域の方々に利用していただきながら「つながりや交流」を促進しようと現在取り組んでいます。

さくらカフェにてパソコン操作

コロナ禍のなかで、これまでのつながりや交流の機会が極端に減少しています。その一方で「リモートワーク」やインターネットを利用した様々な交流の形態がみられるようになりました。

しかし、「新しい働き方」「新しい生活様式」と言われても高齢者等にはかなりハードルの高い内容です。そこで「街の活性化」の一環として、横浜市から受ける助成金を活用して、

①「さくらカフェ」内のリモート環境を充実させ、三密を作らず交流を促進させる機会づくり

②リモート機材の貸し出しで多くの方に慣れ親しんでいただく

③コミュニケーションツールの利用法をアドバイスできるサポーターを育成し、不慣れな方々をサポートする体制をつくる

などを目指して今後取り組んでいくことにしています。

現在のところ、１０月中には、こうした環境づくりに目途をつけたいと思います。そのためには地域の方々のご協力も必要です。次回の「活性化会議」は１０月３日１５時から「さくらカフェ」で行います。ご興味のある方はぜひお越しください。

かな・サロ が リニューアルして発行

金沢区と有志のコミュニティサロンが連携して活動する「つながりステーション」。その活動内容を紹介するパンフレット「かな・サロ」が2020年度版として発行されました。

「さくら茶屋」をはじめ8つのサロンが地図入りで、またそれぞれの活動が写真入りで紹介されています。

金沢区役所や各サロン、その他公的施設に配架されます。いつでも誰でも気軽によれる「街の居場所」です。ぜひ手に取ってお読みください。

韓国KBSテレビから取材を受けました

9月16日、韓国KBSテレビ（国営放送）が「行政主導でなく住民中心の自治」をテーマとしたドキュメンタリーを企画、日本の例を報道する一つに「さくら茶屋」をとりあげ、カメラマンとともに取材に訪れました。

10月放送、日本では視聴不可のよう

この取材は横浜市に取材の打診があり、横浜市から「さくら茶屋」を紹介されたものです。この日は朝の調理風景から、販売や日常活動、夜は「スタッフ会議」があったのでその様子まで撮影されました。これは10月放送ですが、日本では見ることはできません。一時間番組で「さくら茶屋」の様子はをおそらく３～4分になるだろうということでした。DVDを送付していただけるので、興味のある方は「さくら茶屋」にお声をおかけください。

② イベントや交流にリモートを活用

「さくら茶屋」では、新型コロナの感染が深刻となった3月からそれまでおこなっていた20項目のイベントはすべて中止に追い込まれた。三密が問題となる室内での催しものは困難だが、屋外でおこなう「包丁研ぎボランティア」と、10人ほどで西柴近辺を歩くポールウォーキングはマスク着用や、ソーシャルディスタンスを取るということで6月から開始した。

しかし、感染対策で外出自粛が数ヵ月も続き、外を出歩くことで体力維持を図ろうとがんばっていたお年寄りからは健康への不安の声も出ていた。何とかイベントを再開できないだろうか、という意見はさくら茶屋のスタッフ会議で何回も出された。「げんきライフはいつ再開できますか」という問い合わせも来るようになっていた。

そんな時期に横浜市から「サービスB」の再開は、感染対策を十分につくし、地域ケアプラザと連携を取りながら実施するという条件つきの緩和策が出されたことから、「げんきライフ」は6月中旬から再開することにした。これまでは20人ほどが集って開催していたが、ソーシャルディスタンスを確保するため参加人数は7人ほどに制限し、その代わり週1開催を週2開催にして、できる限り希望者全員に参加してもらった。プログラムも会話や接触を避ける内容にしたり、YouTubeを活用するなど工夫しておこなうことにした。

これをきっかけに、これまで中止をしていたいくつかのイベント開催に挑戦しはじめた。そこで、大きな力を発揮したのが助成金制度で整備したリモート環境であった。

「げんきライフ」では、58インチの大型ディスプレイにしたことで画質が向上し、より臨場感がある光景が楽しめている。また、週2回に分かれたグループ間の交流を図ろうと、定期的に各人の近況をビデオに録画して互いに放映し、画面を通してではあるが交流促進を図っている。

「折り紙教室」も、先生が個々に指導していたものを、折り方をカメラで撮影し大画面で映すことで、個別に接触する機会を最小限にとどめるやり方に改善し、再開した。

男性の参加が多かった「先ず飲もう会」も「リモート

テレビに先生の折り方を映して、それをまねる

飲み会」形式を採用して再開しようと考えた。ところが「これまで参加してきた人全員がリモート通信を使えるわけではないから難しいのでは」という声が出た。そこで、リアルの飲み会とリモートの混合でおこなってみようということになり、「茶屋」と「カフェ」2ヵ所には参加人数を3～4人と制限して従来の「飲み会の会場」をつくった。そこと「リモート通信」で参加する人をネットでつないで交流する「リモート飲み会」形式にした。この形式は今も継続して開催している。

「インターネット利用」の交流促進はまだ始まったばかりだが、普及させる鉄則は、どうやればできるかなんてことより「習うより慣れろ、まずは挑戦」というのが結論。多く

リモート飲み会にも挑戦

の人を巻き込んでいくのがポイントのようだ。しかも、これがコロナ終息後も効果的な交流手段になることが発見できた。交流手段にメディアや写真、録画などを利用することで、自分が旅した内容をスライド形式で紹介する、自分の得意分野をスライドで紹介するなど、これまでの「飲み会」にはなかった交流形式に幅が広がってきた。どんな状況下でも工夫ひとつで交流の促進はできる。新たな発見であった。

③新しい働き方、職住接近で得られる充実感

横浜市が21世紀はじめに推計した通り、我が街では転出者が転入者を上回り、空き家が徐々に増えている。街の景観を維持しようとする「住宅建築協定」があり、集合住宅などが規制されているため若い世代が選択しにくいことが影響している。

しかし新型コロナは、現役世代が軸となり、子どもや高齢者の多世代が共に暮らせる環境づくりのきっかけになるかもしれない、今その模索をはじめている。

コロナ禍によって「生活様式」や「働き方」を見直そうという動きが活発化している。在宅勤務やリモートワークによる「職住接近」が常態化すれば、街のあり方も大きく変化する。長時間の通勤から解放されて生まれた時間を、地域の交流に生かすことになれば街

も大きく変化するはずだ。

私たちはこのコロナ禍の2020年6月に、「西柴に人を呼び込む街づくり」(仮称)に向けた話し合いを始めた。第1回目は家庭でリモートワークをしている人、フリーランスで働く人、他の地区でシェアオフィスを利用している人などに集まってもらい、コロナ禍での働き方の変化を話し合った。この後、話し合いは定例となり、2回目は現役の学生さんを呼んで魅力ある街について意見交換をした。3回目は地域住民にも声をかけ、都市社会を研究する大学教授にも参加してもらい、他の地区の取り組みを学んだり、住民のニーズをどう把握するかなどについて論議した。この際もさくらカフェに設置した「リモート環境」は大いに効果を発揮している。

「リモート会議」を通して交流できた近隣の学生さんたちとの話し合いを弾みとして、住みよい住環境、子育てしやすい街、住民がお互いに支えあう街、そんなキャッチフレー

パソコンやタブレットに慣れてもらうための勉強会

ズを掲げて、この街ならではの魅力を発信していくために、住民参加のワークショップの具体化も確認され、取り組みを強めているところだ。

④ 自分たちの街は自分たちでつくっていく

私たちの街では地域の防災、防犯、福祉、環境づくりは多くのボランティア活動によって確立されてきたし、地域のコミュニティが「支えあう街づくり」に力を発揮してきた。さくら茶屋も10年の実践で、自分たちの街は自分たちの能動的な行動でつくっていけることを学んできた。

「街づくり」とは言っても、その道は簡単ではない。ただコロナ禍の今、「新たな変化」を模索するには絶好の機会と言えるかもしれない。「終の棲家」として、いつまでも安心・安全に暮らせる街づくり、私たちができることは何か、そこに出番があれば私たちも積極的に関わっていこうと思う。

もちろん、「街づくり」には、都市計画や交通機関の戦略、企業や各種団体の思惑などが絡み合い、そこに住む住民の意識が反映されるのは容易なことではない。ただ、住民が何を望み、どう動くのかが重要な要素であることは間違いない。

対価や営利を目的としないボランティアだからこそ、多くの住民を巻き込んだ取り組みが可能と思っている。多くの住民が力を合わせれば、街の活性化も果たせない課題ではないだろう。コロナ禍をチャンスととらえ、自分たちの街は自分たちでつくっていく。それをこれからも原点として取り組んでいきたい。

（4）継続は力

①ボランティアは自分のためのもの＝生涯現役

10年経てば当然みんな10歳年を取る。さくら茶屋のスタッフの中にも傘寿《さんじゅ》（80歳のお祝い）近くになる人もおり、体力の衰えを嘆く人もいる。しかし「さくら茶屋の仕事があるからがんばろう」というのが多くのスタッフの気持ちだ。ボランティア活動はスタッフを元気にする。そして若くする。どの方も実年齢より5、6歳、いや10歳も若く見られる人もいる。

飯田益美さんは、さくら茶屋初期からメンバーで、水曜日の松花堂弁当づくりには欠かせない人だ。その飯田さんも、体調を崩して「もう無理かなあ」と思ったことは一度や二度ではないと言う。しかし、責任感が彼女をやる気にさせ不死鳥の如くよみがえる。飯田さんにお話をうかがった。

さくら茶屋 あ・れ・こ・れ

ボランティアはお薬より効く?!（飯田益美）

私はやりたいこと、目的があるということが、前向きに元気に過ごせる素だと思っています。何の予定もない毎日が続くのは嫌ですねー。老人性うつ病になった母を見ているので…。そういう点からも今の生活はすばらしいですね。ですから、けじめがあり、人との楽しい会話があり、体を動かし、緊張し、神経も使う。みんな自分のためになることをして、人に喜ばれ、感謝される！ いえ、こちらこそ「感謝！」です。

②「継続は力」、変化は必ず現れる

今、一番重要と思うのは「継続は力」ということだ。

そして継続するには「無理をしないで楽しく」をモットーにしたい。ボランティア活動は無理をする必要はないと思っている。できる範囲でやれることをやる。それが継続の秘訣だし、そのうちなぜか、必ず何らかの芽が出てくることを私たちは経験してきた。それは人の笑顔だったり、感謝の言葉だったり。久しぶりに来店した方がお友達を連れてきてくれたこともあった。「ずっと気になっていた」と言って遠くから来店されたり、数回通ってくれた人が活動に加わってくれたこともある。芽の出方はいろいろでも、そこで生まれた笑顔や出会いは数えきれない。

結果はすぐには現れないかもしれない。コミュニティをつくる活動は、目標（ゴール）を定めてそこに到達するというより、続けることで生まれる笑顔や言葉が目標なのかもしれない。私たちは「人と人をつなげ、住民同士がお互い支えあう」環境づくりをめざしている。そうした思いがあれば、何ヵ月か、何年か後には必ずどこかに成果として現れているはずだ。

10人が始めた「居場所づくり」は、人も街も元気にした。街も動かした。でもそのスタートは「一人ひとりの熱い思い」だった。新しい「芽」がこれからも必ずどこかで現れてくること期待しながら、この先も地道に活動を続けていきたいと思っている。

7章

新たな社会的価値の創出

新たな社会的価値の創出

卯月《うづき》 盛夫《もりお》
早稲田大学社会科学総合学術院教授
建築家・都市デザイナー

それは、ピンクのエプロンからはじまった

私が「私たちのふるさと西柴団地を愛する会」（以下、愛する会）の方々とはじめてお会いしたのは、２００９年６月の「ヨコハマ市民まち普請事業」の公開審査会だった。私は審査委員長として、会の進行をしていた。鮮やかなピンクのエプロンを身につけた10人ほどの女性が壇上で、西柴地域の現状と空き店舗を利用した拠点整備の必要性を大変わかりやすく、そして情熱的に訴えた。質疑応答を経て、審査委員全員の支持を得て、第一次審査を通過した。当時の審査委員会では、お揃いのハッピを着たプレゼンテーションや、演劇仕立ての子どもの発表など、ビジュアルにも工夫をした演出が見えはじめていたが、ピンクのエプロンは極めて印象的であった。

住民アンケート

第一次審査を終えてから、地域住民に対するアンケートがおこなわれた。確か審査委員からのアドバイスもあったと思う。愛する会がやりたいことは十分理解できたが、本当にそれは地域住民のニーズに合っているのかを明らかにする必要があった。1600世帯にアンケートを実施し、およそ20％の回答があった（37頁参照）。商店街の活性化を望む声、遠くへ出かけなくても軽食や喫茶が楽しめる場所、お惣菜が買え、パーティーや会合ができる場所の要望があった。また、教えたい、習いたいという希望を持っている方もいて、企画している内容が地域のニーズの方向に合致していることを確認したようだ。まち普請の応募企画案の中には、応募者のやりたいことが先行してしまって、住民のニーズと合わないケースがある。極めて稀《まれ》なケースであるが、周辺住民から応募企画案に対する反対意見が出て、その両者と話し合ったこともある。そこで、私たちはできる限りそのようなことが起きないように、事前アンケートをしっかり実施することをアドバイスしてきた。アンケートは言うまでもなく、事業企画の広聴だけでなく、広報の役割もあることを忘れてはいけない。

助成金500万円で不足する費用をどうするか

拠点づくりの具体的な場所を見つけるのは、結構難しい。あらかじめ候補にあがった場所も、広さが狭すぎたり広すぎたりしないか、それから建物が合法的かどうかも大きなチェックポイントである。日本の建物は増築や改築を経て、建築基準法に合致していないものが予想以上に多い。愛する会は、最終的には元中華料理屋さんだった建物を探し当てたが、コミュニティカフェに改修するには、横浜市の助成金500万円ではもちろん足りない。第2次審査においては、周辺住民の意向確認と予算の妥当性等、実現性が問われるため、最終的な必要経費と500万円の差額をどうするかが大きな課題となった。まち普請という名称からもわかるように、できるだけ地域住民の力をあわせて建設するプログラムの構築が求められる。どうしても専門業者が必要な電気やガス、水道工事は外注するが、住民でも可能な壁の塗装など内装工事や簡単な家具の製作は住民が担当することにした。また、食器等のテーブルウェアは住民からの物品提供をお願いした。それでも不足した分については、愛する会のメンバーの出資でまかない、収支がうまくいくようになったら、返却するというお約束だったと聞いた。その結果、およそ264万円（労力提供、物品提供、寄付金等を換算しての数字を後述する研究会で2015年11月に調査した結果）が調達できたそうである。まさに共助という言葉にふさわしい形で第2次審査の予算書が作成された。これによって、会のメンバーの本気度が問われることになり、満票を得て無事、助成金を得ることになった。

リビングルームのような雰囲気

最初の企画段階からほぼ一年以上が経過し、2010年5月、ようやくさくら茶屋がオープンした。建設前の薄汚れた空間は明るいカフェに一変した。一般のカフェとコミュニティカフェの違いは、建物に最初に入った時に感じるあたたかさである。孫がおばあちゃんの家に遊びにいった時に感じる、訪れる人をすべてをあたたかく迎え、包み込んでくれる魅力である。はじめての場所なのに、どこか懐かしさを感じるというのは、公共施設には絶対にない空間の質である。この「みんなのリビング」と感じられる理由は、使われている食器がお店のように綺麗すぎなかったり、備品が手作りだったり、旅行先で買ってきた置き物があったりすることから生まれる環境と、その場でおもてなしをしてくれる人の両方がうまくミックスすることによって醸《かも》し出されている。コミュニティカフェの魅力はカフェオーナーの魅力と言われる所以《ゆえん》である。ただ、さくら茶屋は、おもてなしをする側とおもてなしをされる側の明確な区別がないという点も、さらなる魅力である。

あなご丼と居場所

日替わりコックさんのメニューはすべておふくろの味だ。柴漁港で獲れた穴子のアナゴ丼は私も賞味したことがあるが、人気メニューのひとつである。西柴地域は住宅地であるが、金沢区としての地産地消も大きな魅力である。お昼に作ったお惣菜をパックにして、100円で販売しているのも、かつてのアンケート結果によるサービスである。おいしいものを食べて、よもやま話をするのは、誰にとっても楽しいことである。まさにコミュニティカフェの原点である。自分がそこに居たいだけ居られる、何を言っても許される、という安心感によって居場所が生まれる。字面通り、もっとも気持ちがいいと感じる自分のテーブルと椅子のある場所が居場所となる。「心地よいと感じる自分の場が街の中に多ければ多いほど幸せと感じる」と言ったフランス人女性の知人を思い出した。彼女は、「自分の場所、自分の空間と感じているかは、そこに落ちているゴミを拾うかどうかで決まる」と言っていた。今でも忘れられない言葉である。

さくらカフェと朝塾

当初から、高齢者による高齢者のためのコミュニティカフェと考えていたが、若いお母さんと子どもたちの居場所として、2013年9月に2軒目の「さくらカフェ」がオープンした時はびっくりした。1軒目の「さくら茶屋」の運営が軌道に乗ったことにもよるが、この段階で、愛する会は地域課題を解決するための市民団体にステップアップした。同時に、まち普請事業の支援による拠点整備とその運営という枠を超えて、地域で自立したNPO法人組織に成長したと言えるだろう。

具体的には、登校前に子どもたちの勉強を支援する朝塾は、さくら茶屋ができたからこそ、浮き彫りになった子どもの課題を解決するプログラムとして生まれた。当初考えられた高齢者の課題を解決することを通じて、同時に地域の別な課題をも解決することによって、より豊かな地域が生まれるというこの思考は、市民にとってはごく自然の発展形であるかもしれないが、実は行政や企業にはそのような発想はない。行政が志向する公共性と企業が求める事業性を超えた、さくら茶屋の一連の活動は、まさに画期的と言わざるをえない。人と人がつながることで生まれる信頼と社会的結合力をベースにした非営利のコミュニティ経済のモデルを見る思いがする。

住民の意識の変化

当事者でもない私が、さくら茶屋の企画、計画、建設そして運営について時系列的にコメントしてきたが、この地道なプロセスがあったからこそ、今のさくら茶屋の社会的価値があると考えている。以下、さくら茶屋ができたことによる個人の変化と地域社会の変化について書いてみたい。

実はまち普請事業のその後の検証をするために、私と審査委員2名、市職員とで2015年に研究会を発足させ、まち普請事業によって生まれた拠点のうち、およそ5年以上が経過した5つの拠点を選び、アンケート及びヒアリング調査をおこなった。さくら茶屋もその対象であったため、その結果の一部を紹介する。

まず住民意識であるが、その方法はさくら茶屋の利用者（83通の回答者、2015年11月）と金沢区の市民意識調査（12通の回答者、2015年5～6月）においてほぼ同じ質問をしているため、その差を見ることによって、拠点の影響を推測する方法を採用した。

「住んでいるまちに愛着を感じる」という質問に対して、「そう思う」の回答者は金沢区全体では38ポイント（以下、P）、さくら茶屋利用者では55Pと、17Pの差が見られた。「住んでいるまちでは、地域のつながりがある」の質問に対して、「そう思う」の回答者は金沢区全体では6P、さくら茶屋利用者は28Pと、22Pの大きな差が見られた。また近所づき合いに関して「相談をしたり、日用品を貸し借りするなど生活面で協力し合っている人がいる」の質問に対して、「そう思う」の回答者は金沢区全体では14P、さくら茶屋利用者は30Pと、16Pの差があった。さらに「近所の人とは、いざという時に助け合える」の質問に対して、「そう思う」の回答者は、金沢区全体では10P、さくら茶屋利用者は25Pと、15Pの差があった。このことから、さくら茶屋の利用者は、金沢区の中で、まちへの愛着度、地域とのつながり、助け合う関係づくりなど、コミュニティ力が高いことが理解できる。また、この4つの質問に関して、同時に調査した他の4つの拠点と比較しても、さくら茶屋の差がそれぞれの質問に対して最も高い数字となっていることも注目すべきである。

さくら茶屋の社会的な存在価値

上記の調査と同時に、抽象的ではあるが「拠点の活用やサービスは、金銭価値に換算すると、地域にとってどれくらいの社会的価値があると思うか（金額は自由記述）」という質問をおこなった。さくら茶屋では１７２０万円（有効回答者数23人の平均値）となり、横浜市のまち普請事業助成金の５００万円をはるかに越えている。さらに「拠点の活動や運営（サービスの維持や新規事業の展開）」に対して、支払ってもよいと思う寄付金額（金額は自由記述）」の質問においては、さくら茶屋では、６０００円（有効回答者数60人の平均値）となった。単純な想定はできないが、今後拠点がサービスの維持や新規事業の展開をする場合、仮に60人の方が６０００円の寄付をしていただくと合計36万円の資本金を確保することができると考えられる。

「拠点の社会的価値の数値化」および「寄付金額」の回答に関しては、極めて個人の感覚的評価であることは否めない。回答者の属性や拠点との関わりによって金額に大きな隔たりがあることも事実である。また、これはオープンしてからわずか5年経過後の調査であるため、今後の運営や利用者の増加によっては大きく拡大していく可能性も秘めている。しかしこの段階でも十分言えるのは、従来のように税金のみで建設され運営されるコミュニティ施設に対して、さくら茶屋のように市民が企画、計画、建設、運営するコミュニティ施設の方が圧倒的にコストパフォーマンスが高く、加えて市民のコミュニティ意識を大きく向上させてきていることは、誰もが認めることである。

今後、さくら茶屋が新たに担う人材を常に育てながら、継続発展していくことを心から願っている。どのような展開になるとしても、横浜市の支援・連携は欠かせない。すぐれた先例をみんなで支えながら、日本の市民社会を創造していきたい。

卯月 盛夫

（うづき・もりお）

1953年生まれ。早稲田大学社会科学総合学術院教授、建築家・都市デザイナー。研究テーマは、「建築と都市の設計」「市民参加のまちづくり」「ドイツの都市計画・都市政策」「市民提案・NPO活動」など。いくつかの自治体で設計業務、まちづくり委員会、景観審議会などに参加。共著に『認知症高齢者中庭のあるグループホーム』『都市づくり戦略とプロジェクト・マネジメント、横浜みなとみらい21の挑戦』『こどもがまちをつくる ―「遊びの都市ミニ・ミュンヘン」からのひろがり』『シェアする道路 ― ドイツの活力ある地域づくり戦略―』などがある。

コミュニティカフェのフロントランナー

河上 牧子
元明治大学都市ガバナンス研究所客員研究員

さくら茶屋は、私がヨコハマ市民まち普請事業の審査員をしていた２００９年に応募してきた。元気な主婦たちによるコミュニティカフェの提案は、まち普請でははじめてだった。「笑顔とおいしい食事で地域が元気になる」、そんな可能性を強く感じた。まちの人の「心とワザ」を寄せ合うカフェの整備運営にも、まち普請らしいオリジナリティを感じた。

まち普請では、２０１０年さくら茶屋の開店後、自分たちのまちでもコミュニティカフェやサロンをやってみたい、という提案が増えた。先進事例として、さくら茶屋への見学や相談が毎年のようにおこなわれている。さくら茶屋がフロントランナーとなり、横浜の地域でコミュニティカフェの活躍が広がっている。

私がはじめてさくら茶屋を訪れたのは、開店した年の夏だった。冷水のレモンの香りがさわやかで、定食はメインの魚はもちろん、小鉢の一つひとつまで細やかな味つけで本当においしかった。会話を交えて過ごした時間は、友人宅でくつろぐように楽しく心が弾んだ。その時、厨房にいた女性の「ずっと主婦をしてきたけど、さくら茶屋でキッチンに立ったら、どれもおいしいって皆さんが言ってくれるのが本当にうれしいです」と言って、はにかむ笑顔が印象的だった。

店内利用者に話を聞くと、さくら茶屋ができて「友人・楽しみ・行くところ」が増えたという。店は、地域ボランティアで運営されている。ＯＥＣＤの幸福に関する研究によれば「報酬を伴わない活動に時間を充てられる生活は人を健康的で生産的にする」。さくら茶屋は、利用するまちの人だけでなく、活動を担うスタッフにとっても健康と居場所をもたらし、人を幸福にしている。

日本はすっかり人口減少高齢社会となった。不寛容社会とも言われ、都市でも地方でも課題が山積している。そんな中、「安らぎと信頼」を見つけることができるコミュニティカフェは、人々の活力と社会的生存力の維持に大きな役割を果たすと感じる。長寿社会は文明がもたらした人類の誇りである。さくら茶屋は、そのことを改めて実感させてくれた。

資料編

【私たちのめざす街づくり】

地域の人たちの居場所をつくり、つながりを深めるとともに、多世代間の交流を促し、安全と安心とやさしさあふれる街づくりをめざして、さまざまな活動を多くのボランティアの方々と一緒に展開しています。住民の皆さまが終の棲家としてこの街を愛し、心豊かに暮らせることを願っています。

【私たちのあゆみ】

西暦・月	沿革	社会の出来事
2019・3	地域の拠点づくりをめざして「西柴団地を愛する会」結成	・裁判員制度スタート
4	「ヨコハマ市民まち普請事業」に応募	・民主党へ政権交代
6	まち普請の一次審査に合格。アンケート実施、24名の協力者が現れる	・鳩山政権スタート
11	広報紙「さくら茶屋」創刊・地域へ全戸配布開始。ブログを開設	・オバマ米大統領初来日
2010・2	まち普請の二次審査に合格、助成金500万円ゲット！店名を公募・選考	
5	コミュニティカフェ「さくら茶屋」がオープン。4つの趣味の教室が開講	・菅直人内閣発足
6	「西柴夜話」を開始	・「ねじれ国会」に

年・月	事項	社会の動き
10	子ども向け企画、ハロウィン&クリスマス会を開催	
2011・1	テレビ神奈川で紹介、エーザイなどが進める街づくり拠点事業に応募採用	
3	「東日本大震災」救援募金開始。「支えあいサロン誌」を発行配布	・3・11東日本大震災 福島第一原発事故
5	横浜市の委託事業・買物サポート事業&生活支援を開始	
6	アキ薬局で「ほっとサロン」活動開始。「介護者の集い」の定例開催を開始 認知症予防学習会（5回）。各種「身体ケア」サービス開始 地域アンケート実施	・サッカーWカップ日本女子初優勝 ・菅直人首相退陣
9	NPO設立総会（会員62人で発足）	・野田内閣発足
10	認知症予防学習会後に「ぼたんの会」発足	
12	さくら茶屋が特定非営利活動法人（NPO）に認証される	
2012・1	ポールウォーキング運動普及活動開始	
4	買い物サポート事業を茶屋の独自採算で継続	・国内54基の原発停止
10	かながわ子ども・子育て支援奨励賞受賞。ハロウィンパレードを実施	・東京スカイツリー ・九州北部豪雨 ・ロンドンオリンピック
12	金沢区市民活動サポート補助金決定（西柴夜話）	・自民党へ政権交代（第2次安倍内閣発足）
2013・6	第6回横浜・人・まち・デザイン賞「地域まちづくり部門」受賞・表彰 福祉医療機構WAM助成金制度採用（買い物支援） NPOさくら茶屋にししば賛助会員160名突破	
9	「さくらカフェ」西柴商店街にオープン	・人口減少が過去最高に
10	金沢区「お茶の間」活動支援制度採用 金沢区と協働：つながりステーション機能開始	・国の借金が1000兆円超える
12	西柴商店街クリスマスセールをさくら茶屋が企画・宣伝	

西暦・月	沿革	社会の出来事
2014・1	「さくら茶屋ホームページ」開設	
4	消費税8%でランチ100円値上げ	・消費税17年ぶり増税（5%→8%）
5	「おしゃべりカフェ」開始。読売新聞・JCN・TVKから取材&報道	
7	七夕飾りを西柴商店街共同で実施、世代間交流・女子会（隔月実施）	・岩手三陸鉄道運転再開
10	全国「さくら茶屋」サミット交流&各地訪問	・長野北部地震M6・7
2015・1	西柴夜話50回記念開催	
2	地元民話、紙芝居2作を作成&披露	
3	歌の集い・歌声喫茶、隔月実施	・北陸新幹線、長野・金沢間開業
4	「発達凸凹児　親の会発足」支援	
5	「認知症カフェ・オレンジデー」開始	
6	まちづくり功労者・国土交通省大臣表彰、横浜市・ヤマト運輸・茶屋公民連携	・戦後70年
9	健康プロジェクト・MSD企業と調印	・関東・東北豪雨災害 ・マイナンバー法施行
11	あしたのまち・くらしづくり活動賞受賞	・日本郵政・ゆうちょ銀行・かんぽ生命株式上場
12	西柴地域に「さくら茶屋掲示板」12ヵ所設置	
2016・1	NHK「団塊スタイル」で茶屋の取り組み紹介	
2	「パソコン講座」をはじめて開催	
3	MSD企業・リサーチ研究所と新企画の検討開始	・電力自由化スタート

5	「熊本地震」救援募金開始	・熊本地震M6・5
	大家族食堂のための地域アンケート実施（3000世帯配布447回収）	・伊勢志摩サミット
6	アキ薬局営業終了で「ほっとサロン」活動縮小	・選挙権18歳から
7	商店街七夕飾り・西柴小学校児童400人が協力	・リオデジャネイロオリンピック
9	男性陣対象「先ず飲もう会」に18人参加・定例	
	大家族食堂（さくら食堂）を本格開催	
	包丁研ぎ職人によるボランティア開始・定例	
10	「ミニミニコンビニ」日用品販売開始	
	ハロウィンパレード・子ども105人、引率60名	
11	金沢区「町の先生」によるミニ体験講座、神奈川新聞「さくら食堂」掲載	
12	金沢区コミュニティカフェ連絡会開催、西柴団地自治会役員との懇談・協議	
2017・3	28年度横浜市男女共同参画貢献表彰　推進賞	・米トランプ大統領就任
9	横浜市長（林文子氏）との「ぬくもりトーク」実施	・プレミアムフライデー
10	「介護予防・生活支援事業（サービスB）」選定・げんきライフ命名	・米、パリ協定から離脱宣言
	「げんきライフ」毎週木曜日開催	・森友学園証人喚問
	ハロウィンパレード・子ども参加106人	・上野動物園パンダ誕生
		・九州北部豪雨災害
2018・2	広報紙「さくら茶屋」100号に	・「子ども食堂」全国2000ヵ所超える
3	さくらカフェ改装工事完了・家具新調・新装開店	・米朝首脳会談開催
4	商店街個店の活力向上事業助成金・100万円確定	・大坂なおみ全米オープン初優勝
9	麻雀スクール開始（3卓）、損保ジャパン住民参加型福祉活動資金助成決定	・築地市場83年の歴史に幕
10	フードバンク神奈川と合意書締結（さくら食堂）	・プラスチック製ストロー廃止の動き

西暦・月	沿革	社会の出来事
2019・1	「茶屋」祝日営業をやめ休日に 冬場の営業時間短縮（17時終了を16時半に）	・児童虐待相談最多に ・新元号が「令和」に
3	「ぼたんの会」7年半の活動に一区切り 弁当配達、登録者限定で配布開始	・G20サミット大阪開催 ・ラグビーW杯日本大会日本8強
7	「西柴夜話」通算100回、レンタルボックスの運用改善	・消費税増税（8%→10%）
8	夏休み子どもワークショップ初開催	・沖縄首里城が焼失
10	消費税10%に（現状維持で実質値下げに）	
2020・3	新型コロナウイルス感染予防で休業・イベント中止	・新型コロナウイルス世界的に感染拡大
6	営業再開（テイクアウト販売） 「げんきライフ」人数半分・時間短縮で2日に分けて再開 「西柴に人を呼び込む街づくり」（仮称）に向けた話し合い開始	
7	横浜市のオンラインによるコミュニケーション促進のための助成金決定 インターネット利用のリモート環境整備	・安倍首相退陣 ・菅義偉内閣発足
10	感染予防・人数制限をしてランチ再開 10年の活動をまとめた本の出版のためのクラウドファンディング開始	
2021・2	『コミュニティカフェ さくら茶屋物語 居場所は街を動かす』出版	

行政・企業などとの連携・支援について

①行政サイドから支援を受けて立ちあげた事業

・街づくりセーフティネット推進事業を介して「ポールウォーキング事業」
・金沢区市民活動サポート事業を介して「西柴夜話」の活動支援
・横浜市社協の「児童福祉活動」を介しての「施設補助」
・金沢区「お茶の間」活動支援を介しての高齢者介護活動支援
・金沢区と協働で「つながりステーション活動」を開始

②企業からの「地域活動支援」

・認知症啓発に向けての「エーザイ株式会社」からの支援
・福祉医療機構から「買い物支援事業」への支援
・ヤマト運輸・横浜市との３者連携での東北支援をおこなう活動
・日本リサーチ研究所を介して「ＭＳＤ企業」より２年間「地域活動支援」を受ける

③さくら茶屋の表彰など

・2012年10月　かながわ子ども・子育て支援奨励賞
　神奈川県知事　黒岩祐治
・2013年６月　第６回横浜・人・まち・デザイン賞「地域まちづくり部門」
　横浜市長　林　文子
・2015年６月　まちづくり功労者　国交省大臣表彰
　国土交通大臣　太田昭宏
・2015年11月　あしたのまち・くらしづくり活動賞表彰　振興奨励賞
　あしたの日本を創る協会　理事長　榊　誠
・2016年２月　金沢区いきいき区民表彰　金沢区長　國原章弘
　金沢区社会福祉協議会　功労者表彰
　　2017年 大月美登里さん / 2018年 飯田益美さん
　　2019年 梅木隆史さん / 2020年 梅木禮子さん
・2017年３月　横浜市男女共同参画貢献表彰　推進賞
　横浜市長　林　文子
・2017年４月　横浜市長との意見交換
　「ぬくもりトーク」をさくら茶屋で実施

【さくら茶屋　ボランティアアンケート】

活動10年を振り返って、ボランティア全員にアンケートをおこない、参加したきっかけ、活動年数、さくら茶屋への思い（自由記述）などを聞きました。

２０２０年10月に実施。86人に配布、85人から回答がありました。

◎**年齢構成**（有効回答83人）

ボランティアは31歳～85歳までの参加があり、平均年齢は66・3歳。最も多いのは70代で、38人が活動しています。

◎**活動継続年数**（有効回答80人）

活動の継続年数は平均で6年6ヵ月。設立時から関わった人は10年以上で29人と最も多く、その後は毎年5～6人が加わってきました。

◎**活動のきっかけ**（有効回答85人）

活動のきっかけは、「茶屋スタッフに誘われて」が最も多く48人（56・4％）、次いで「自ら進んで」が22人（25・9％）、「お店利用や各イベント参加中に誘われて」が10人（11・8％）となっています。

【アンケートから見えた希望】

さくら茶屋にししば理事長　岡本溢子

平均年齢66・3歳。これを若いと見るか高齢と見るかは人によって違うだろうが、私は「若い！」と思った。若すぎると思って、さくら茶屋で月曜日から土曜日まで食事づくりを担当している人たちの平均年齢を計算してみた。71歳である。なぜ全体の平均年齢が66・3歳になったかというと、子どもイベント担当の若い人たちや、月1回ぐらいカフェを手伝ったり、イベントだけ手伝ったりする若い人たちが平均年齢を引き

年齢構成（83人）
平均66.3歳、最年少31歳、最年長85歳

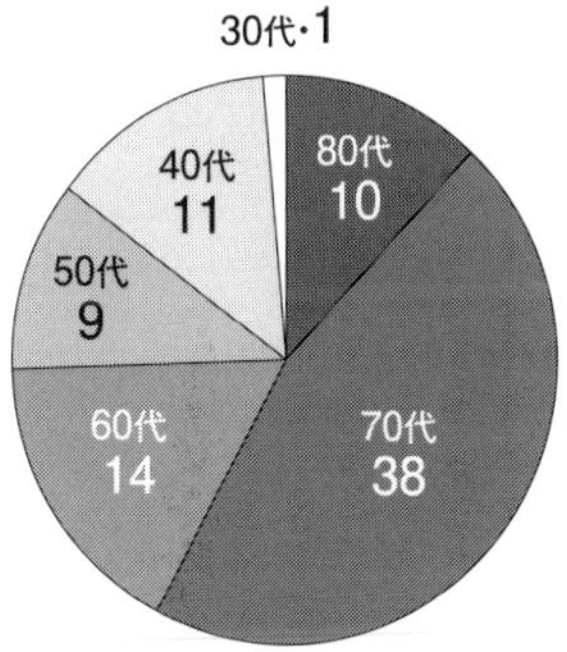

活動継続年数（80人）
平均6.6ヵ月

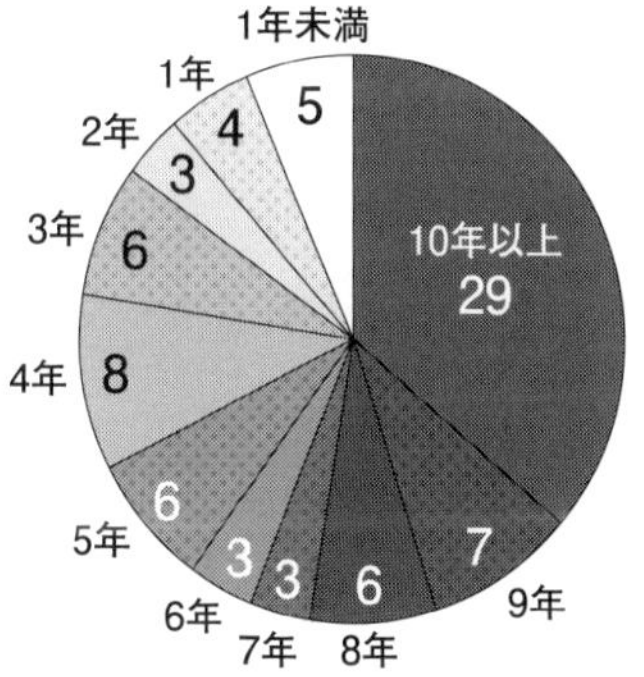

下げたのである。若い人たちは、現役で働いていたり子育て中だったりして、まだ、さくら茶屋に全面的に関わることはできない。しかし5年後、10年後には、さくら茶屋の中心的メンバーとして活躍してくれるに違いない。希望の光を感じる。

さくら茶屋に来るお客さんの多くは、食事づくりを担当する平均年齢71歳の私たちを見ると、10人が10人とも「お若いですね」「皆さんお元気ですね」と驚かれる。実年齢より5、6歳は若く見られるように思う。女性にとってはうれしい限りだ。この秘訣は何だろう。その答えは左記のひと言メッセージの中にある。

さくら茶屋で働くことは、生きがいであり、楽しみであり喜びである。元気をもらえる場所であり、友だちと楽しく談笑する場所であり、自分の視野を広げる場所であり、生活の一部である。ぜひ全員のひと言メッセージを読んでいただきたい。私たちの活動は健康寿命の延伸に貢献していると思う。

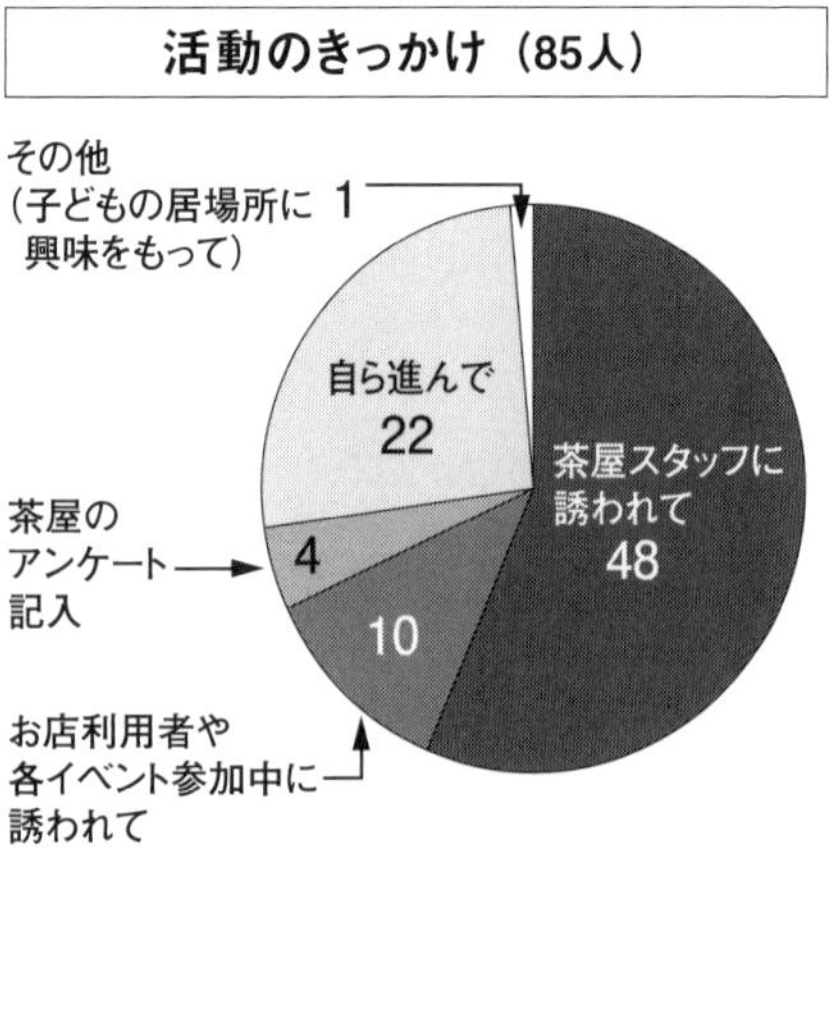

◎自由記述より

「さくら茶屋があってよかった！」スタッフからのひと言

（五十音順）

- **阿部鴻平**……ウォーキングの代替に広報紙の配布やイベントに参加することで人の輪が広がったことがよかった。
- **阿部茂男**……広報紙を毎号ずっと綴っている人がいた。大事にしているのがうれしかった。現役時代の経験がリタイア後に活かせる、茶屋との出会いはラッキーだったかもしれない。
- **阿部満里子**…地域でのつながりが増えていくのが楽しい。
- **飯島八重子**…子どもも大きくなり仕事も一段落して家にいることが多くなり、近所の方と交流できる場として参加しました。新しいお友達もたくさんできて楽しく過ごすことができました。
- **飯田益美**……茶屋への一途な思い入れで過ごした10年！元気をもらえる大切な場所になっていました。いつまでスタッフでいられるか…時間の問題ですネ！

●**飯田万里**……人とつながることができる。また、何か自分も役立つことができてありがたいです。

●**石渡なをみ**…「朝塾」では役割が尊重され楽しく参加しました。このような場に出会えたことに感謝です。退職後も子どもたちから元気をいただきました。

●**井上千栄子**…みんなと食べるランチ・手づくりのおいしいご飯・仲間との会話・やれる活動のある喜びに出会えるオアシスです。

●**岩見登代子**…居住地とは離れているので、こちらの友達ができてよかった。

●**梅木隆史**……歌の集い、バス旅行、青春18きっぷの旅などの企画運営に参加しました。「奥入瀬に行った時の車窓から見た景色が忘れられない」などの言葉が印象に残っています。

●**梅木禮子**……さくら茶屋の活動によって、知らなかったことや自分の考えについて、気がつくこと、また地域の実情を知ることができました。

●**王　雪子**……麻雀スクールのお手伝いしております。地域の人たちと交流しようと自ら進んできました。いまはコロナ禍でお休み、早く皆さまとお会いしたいです。

●**大月美登里**…10年の歳月、西柴にしっかりと根を下ろし着実に定着。住民に愛される店舗になったことは、皆さまの惜しみない活動があればこそ。これからも永く愛される茶屋に。

大矢雅子……まち普請に応募して500万円をゲットしてコミュニティカフェをつくると聞いた時「無理でしょう!」と思ったことをはっきり覚えています。猪突猛進、よくがんばりました。

岡本溢子……地域に多くの人々が気軽に集える場所をつくりたいというのが私の夢でした。多くの皆さんと心をひとつにして「さくら茶屋」ができたことが大きな喜びです。

岡本嘉一郎…まち普請の申請から12年。献立やコーヒーの淹れ方の練習など思い出深い。亡くなった方、転居された方のお顔が浮かぶ。たくさんの方と知り合えたのが宝です。

岡本龍子……さくら茶屋出勤のため坂道を週に2~3回往復するので、全体に丈夫になったと思います。

音喜多七重…定年後、ボランティア活動に協力してもいいかなーと思い、誘われて2012年10月に参加しました。今はたくさんのお客さまと出会い楽しく仕事をさせていただいています。

小貫敬子……多くの方々と接することができるので楽しい。

北村ちどり…人との関わりによって、生活の張りができる。

小林和江……病欠もしましたが、スタッフからあたたかい言葉をいただいて復帰できました。現在楽しくお手伝いさせていただいています。

崎原美佐緒…遠くの親戚より近くの「さくら茶屋」。10年経って家族ぐるみのつきあいとなっています。

●佐倉幸子……素敵なスタッフと出会えたので続けてこられたと思います。月曜日の盛つけを担当しています。お弁当のかぼちゃはホクホクと仕上がるようにこだわってつくっています。

●佐藤　薫……15年ほどつとめていた電気店で得た少々の知識と趣味が活かせればと思い、機器の選定などに関わっています。

●嶋　慶子……お弁当ができ上がり、お客さまがおいしかったよと喜んでくださる言葉に、お手伝いしてよかったと感じています。

●嶋　善道……散歩の時の挨拶が増えて楽しくなりました。

●島根千恵子……札幌から30年ぶりに西柴に戻ってきて、すぐさくら茶屋のオープン、私は趣味の教室に参加。友人との出会いに楽しみと喜びでいっぱいでした。友好の輪が広がりました。

●城本和美……分野ごとにプロ級の人がいることに感動しています。

●鈴木ふき子……一人でがんばっていても、いつか誰かの手助けが必要になる時が来る。共助、互助。そんな一助になればいいと思う。自身のためにも。

●鈴木美穂……眉カットで一人でも多くの方を明るい気持ちにして差しあげることが私の喜びです。

●炭竈征夫……子どもたちとのつながりができて、楽しいことが増えました。

●**炭竈美枝**……地域の方々との出会いの中で、人の心のやさしさ、あたたかさにふれ、食事づくりの楽しさも味わっています。

●**瀬川常子**……早いものでオープンから10年。そのうち8年は「ちまき」づくり一筋。バスを乗り継ぎ定期的に来店される方もいます。この年でできる経験、自分を成長させてくれた場所です。

●**瀬間正子**……ボランティアするまではあまりご近所づきあいがありませんでしたが、今はさくら茶屋を通してたくさんのすばらしい方々と出会うことができて幸せです！

●**高井千恵子**…65歳まで仕事を続けた集大成として、何か世の中にお返しできないかと自問しました。そこで、私には地域の皆さまに体によいお弁当作りが一番だと思い参加しました。

●**竹内一美**……朝塾では「近所のおばさん」。学校で40人の子どもを相手にするより難しいこともあったけど、仲間と感動や悩みを共有できたことが楽しかった。

●**田中吉美**……季節を先取りした手作り和菓子とお抹茶で一服。「次回はいつですか」「楽しみです」の声を聞くと、お役に立ててうれしいです。

●**玉井洋子**……10年間、朝塾で子どもたちと共に学習しました。退職後、日々に新たなり、充実した時間を過ごすことができました。

●**千葉まどか**…子どもイベントスタッフとして参加し、我が子と共に地域の子たちの成長を見守る貴重な体験ができました。「あー！ さくらカフェの人！」との掛け声がとてもうれしいのです。

●塚越節子……入って6年にもなったのですね。皆さまよい方で、あまり役にも立たないのですが楽しくやっています。

●富田麻枝……子どもが巣立った時に出会った「茶屋」。紙芝居づくりやカフェの仕事で色々な出会いを与えてくれ、自分にもできることがあると気づかせてくれた場所でもあります。

●友田由佳……悩んだり辛いことがあった時でも、諸先輩から心あたたまる言葉をかけていただいたり、お客さまと接することで元気になれました。

●鳥山佳代子…「ありがとう」という言葉があまり使われなくなっていると感じています。茶屋ではみんなが日常的に使われており、この活動に携われていることに感謝しています。

●中田みどり…たくさんの知り合いができました。ホールスタッフから子どもイベントのスタッフになり、地域の皆さまに親子で支えてもらえ本当にうれしいです。子どもも皆さまが大好きです。

●中　須美枝…たのしい！ うれしい！ 続けたい！

●長嶺雅子……同世代のママとのカフェボランティアは、おしゃべりでストレス発散し、元気をもらって帰る場所でした。

●中村幸枝……多くの方々と知り合い、料理法、味つけなどを学ぶことができました。お客さまの「おいしいね」の言葉で10年続けられたと思います。ありがとうと言いたいです。

●羽賀加苗……地域の皆さんとつながるきっかけとなり、多くのことを教わりました。感謝しています。

●長谷川恵美子…お世話になって10年、惣菜は何をつくろうと考えたり、お客さんが見えるとうれしく思い、昼食後はほっとして。大事にしたい時間です。

●服部泰子……ボランティアをすることが以前より希望でした。「ボランティア」のみでなく、接客すること「お客さまとの会話」が好きでした。

●林　琢己……仕事と両立できるよう、ブログや運営の手伝いを担当しました。活動を契機に、地域の歴史や魅力を発見でき、地元愛が深まりました。

●原　夏子……さくら茶屋にボランティアとして参加していなければ、決して皆さんにお会いできることはなかったと思うと感無量です。

●樋口修一郎…設立当初「西柴夜話」も「よばなし」と言い添えないと伝わらなかった等々、思いはたくさんあります。今では「さくら茶屋」で容易に検索ができるまでになりました。

●肥後治子……週1回のお手伝いですが、気持ちに張りが出て、心身ともに健康になりました。

●**平林美玲**……うちの子はスタッフに見守られ、茶屋とともに育ってきました。私ひとりじゃ与えられないものをたくさんもらいました。私もこんな街で育ちたかった！

●**広瀬佐外美**…さくら茶屋のオムライスが食べたいと、毎週来てくれた仲良しのおふたり。10年の歳月が経ちもうお会いできませんが、必要とされていたことにやりがいを感じます。

●**古川百合**……岡本さんに誘っていただいて、さくら茶屋のやさしい方々に会えて、本当に安心して、今の私があります。感謝しています。

●**松尾尚子**……全く知らなかった人とお会いできて、いろいろ知ることができました。

●**丸山加代子**…調理をしたりお客さまやスタッフとの会話が楽しい。それが元気でいられることの秘訣だと思う。ありがたいです。

●**宮野吉博**……他の人に喜んでもらえることができたらと思って、包丁の研ぎを。

●**宮本涼平**……地域活動を学んでいた学生時代に関わりました。バイトすら経験のない私がシュウマイづくりを任されたのです。それらのことが今の社会生活の中で活きています。

●**矢部黎子**……最初の立ちあげから、私と同じ考えを持った方々の行動を手伝えればと思い参加しました。しかし、自分自身は活動しきれていません。でも長く続けてほしいと願います。

●**山口涼子**……ボランティアをやっている時は無我夢中になり、仲間にも恵まれ、時には料理を教えてもらったり、楽しく続けております。

●**山口一樹**……「さくら茶屋」で街とつながるたのしさ、街の宝物をたくさん教えてもらいました。感謝。

●**山下まり子**…「いらっしゃいませ」40年ぶりに発する言葉に照れながらはじめたさくら茶屋でのボランティア。得意はお掃除の私が続けられたのは、元気をもらえる場所だったから。皆の笑顔が集う茶屋よ、いつまでも！

●**吉田佳代子**…西柴団地に住んで50年、当時は子育ての真っ最中。そして今は…その間のデイサービスの仕事、両親の介護の経験が参考になればと手をあげました。社会参加ができ感謝です。

●**吉田利世子**…引っ越してきて知り合いがいませんでした。広報紙で見たポールウォーキングに参加して知人が増え、とても楽しかった。それ以降スタッフに。認知症の予防にもいいですね。

●**和田恵子**……10年、人生いろいろうれしいこと、悲しいことに出会っても、茶屋で仲間とともに料理をつくることの楽しさなどで長く続けられたと思います。

●**A・K**………人生の先輩たちと一緒に楽しく働く時間が、自分を成長させてくれました。

●**H・H**………製作レクリエーションの作品づくりに、自分の好きなことをフル活用、頭を使って見聞を広げる楽しさも。

●H・N……街のホットステーションになり、今もなお、継続しながら保っていることに誇りを感じています。

●H・N……おいしそうに食べるお子さんたちを思いながらカレーの下準備をし、また、スタッフの方たちとの楽しい会話、このようなひと時を持てたこと、うれしく思います。

●K・I……一番大切なことは「人との出会い」だと思い生きてきました。波乱万丈の人生の中で人に救われてきました。私も少しでも人を笑顔にできたらとボランティアに参加しています。

●K・Y……歌のボランティアとして参加しました。懐かしい歌で各々の人生が窺い知れたり、お年寄りとの語らいからその人生に感心したり、自身の生き方の示唆にもなり感謝しています。

●M・K……以前の私はひとりでの行動が好きでした。今は茶屋の皆さんとランチめぐりをしています。変わった自分に驚きです。

●M・K……地域の人たちに出会え、料理を通して同じ物に共感共有しながら交流を深めることができた。生活に張りができました。

●N・A……さくらカフェの中で楽しそうな友達を見つけて入っていきました。カレーづくりの野菜を切っています。いつもいろんなスタッフの素晴らしさに刺激を受け感心しています。

・R・H……今はお休みだけど、歌の集いでの受付接待を通して、歳を重ねてもみんなで集まってワイワイやるのは楽しいなあと感じています。

・S・K……会社と自宅の往復だけで、近隣の方々との交流がまったくなく定年を迎えた時、戸惑いました。今はボランティア活動が生活の張りになっています。

・S・Y……人それぞれ考え方が違い、改めて自分を見つめることができ、よかったと思っています。

・T・S……はじめてのボランティアです。いろいろな方たちがいるんだなあと人生の勉強になっています。これまでに創りあげてこられたことに敬意を表しています。

・Y・A……いろいろな方と関われることがよかったと思います。

・Y・O……子どもイベントのボランティアをしていますが、娘も楽しく過ごしている姿を見てうれしく思っています。時には悩みなどもスタッフの方と共有できるので見識も広がりました。

・Y・S……明るい声とやさしい笑顔に包まれて働く日々。ボランティア活動はすばらしいです。支えあう社会、素敵な出会いをありがとう。

・Y・T……地域の人々やボランティアスタッフの皆さんとつながりやふれ合いを感じられて有意義な時間を過ごすことができたと思います。

【ＮＰＯ法人さくら茶屋にししばの活動】

●生き生きと心豊かに暮らせる地域づくり ～私たちのめざすもの～

◎誰でもが、いつでも、自由に気軽に集える場所にしよう
◎多世代の方々が一緒に集い、食事を楽しみながら、交流がはかれる場をつくろう
◎高齢者も元気に、地域のみんなが支えあう街をつくろう
◎安心して暮らせる街を共につくっていこう

●私たちの事業と活動～２つの拠点で活動

①**さくら茶屋　～食を楽しんで**

営業日時：11時～17時（日曜・祝日休み、冬場は16時半まで）
曜日替わりのランチ・惣菜の提供、手づくりケーキが好評の喫茶、小物などの販売、アートギャラリー、テラスで生ビールも楽しめます！

②**さくらカフェ　～多世代が集い、人の絆を育《はぐく》む**

営業日時：10時〜17時（日曜・祝日休み、冬場は16時半まで）
ランチ・喫茶を提供、子ども＆キッズコーナー、ミニミニコンビニを併設、大家族食堂（さくら食堂）、多様な趣味の教室、「歌の集い」や「おしゃべりカフェ」も！

③ほっとサロン活動

介護予防・げんきライフ（基本は毎週木曜日）のほか、誰でも参加できる各種の集いやおしゃべり会、健康体操、認知症カフェ、身体のケア、ポールウォーキングなどを毎月定例で開催しています。

④その他の活動

毎月定例開催の「西柴夜話」、季節ごとの子どもイベントの開催、商店街のイベント参加、買い物支援・生活支援、つながりステーション（金沢区）と協働しての市民活動や居場所づくりの相談支援のほか、広報紙「さくら茶屋」の全戸配布やホームページ・SNSを活用して活動紹介や情報提供を続けています。

●ボランティアスタッフ、協力者、会員の募集

①ボランティアスタッフ募集

・曜日制のボランティア（さくら茶屋でのランチの調理、準備）
・イベントなどのボランティア（イベントなどの企画・運営）
・送迎ボランティア（げんきライフの参加者の送迎）
・広報紙の配布や掲示板の掲示の協力者　など

②正会員・賛助会員のご案内

・**正　会　員**　さくら茶屋の活動にボランティアスタッフとして参画してくださる方
・**賛助会員**　年会費一口　３０００円（一口以上）
　さくら茶屋の活動と事業を応援してくださる方
・**振　込　先**　ゆうちょ銀行　記号１０２３０　番号５８０９５９８１
　口座名　特定非営利活動法人さくら茶屋にししば
　＊他の金融機関から振り込む場合
　【店名】〇二八（読み　ゼロニハチ）【店番】０２８
　【預金種目】普通預金【口座番号】５８０９５９８
　【口座名】トクヒ）サクラチャヤニシシバ

●連絡先

・**さくら茶屋・各種予約**　TEL／FAX０４５‐５１６‐８５６０
・**さくらカフェ・子どものイベント**　TEL　０４５‐８７７‐３８６６
・**介護予防・買い物支援など**　TEL　０４５‐５１３‐５６３６
・〒２３６‐００１７　横浜市金沢区西柴3丁目17‐６
・ホームページ　http://sakurachaya.moo.jp/
・フェイスブック　https://www.facebook.com/sakurachaya045/
・メール　sakuracafe2448@gmail.com

◎**アクセス**
京浜急行金沢文庫駅から徒歩約15分。バスは、東口バス停から「金沢工業団地循環」または「東柴町」行きに乗車し、「西柴４丁目」バス停下車、徒歩１分。

駐車場はありません。なるべく公共交通機関をご利用ください。

おわりに

それはとても軽やかなひと言から始まった

「来年で、とうとうさくら茶屋も10周年よ！　だから記念本を出そうと思うの」

「いいですねぇ。来し方を振り返り、行く末を見据える、いい機会ですね！」

「今から準備をすれば、余裕でできるかしらね」

半年後に10周年を迎える２０１９年の11月。岡本理事長のひと言から交わされた会話は、今思えばその先に起こる出来事を予測していないがゆえの、さくら茶屋らしい軽やかなものであった。

その時話に出た「記念本」は、あくまで10周年パーティーの記念品のようなイメージだったように思う。その後、５人の有志メンバーが集まって「編集委員会」ができた。編集委員会を開くたびに本のコンセプトは変わり、それぞれが書いて持ち寄る原稿はバラバラ…めざす方向はなかなか見えてこなかった。一方で、「自費出版にどのくらい費用がかかると思っているのか」、「そうまでして出す価値があるのか」というもっともな声も内部から上がり、暗礁に乗りあげる寸前の小舟の様相さえ呈していた。

それでも「10年続けてきた活動を文字に残すことには意義があるはず」と、編集会議と原稿の書き直しを重ねていた2020年の春。あれよあれよという間に、見えない新型コロナウイルスに世界中が巻き込まれ、新年度が明けてみれば、10周年パーティーはおろか、ランチ営業すら許されない日々が続いた。

ほぼすべてのイベントは中止。「街に出よう、笑顔を交わそう。コミュニケーションは人生を豊かにするために欠かせない栄養素」を合言葉に、「ポストの数ほどのコミュニティカフェを」と願い、要請があれば受け入れてきた全国からの見学会など、再開の見込みさえ立たなくなった。

「ソーシャルディスタンス」と「自粛生活」が続く中、コミュニケーション不足が引き起こしたと思われる事件があちこちで多発したのは記憶に新しいところだ。疑心暗鬼が、子どもたちの声がする公園に刃物を埋めさせ、老親を心配して実家を訪れた子どもに向かって、心ない言葉を投げさせた。

知らないから恐れる。知らないから攻撃する。

そして私たちは実感したのだ。

こんな時代だからこそ「コミュニティカフェ」が必要で、「記念本」は見学会などでは語り尽くせない、私たちの思いと経験を伝えるものにしなくてはならないのだと。

その決意はやがてさくら茶屋の総意となった。どの方向をめざして進んでいたのかもわからなかった原稿にも、一本筋が通りはじめた。「一冊の本を出すこと」の大変さを実感して、青息吐息をつきながら、クラウドファンディングを利用することも決めた。

クラウドファンディングへの挑戦は、資金集めという理由だけではなく、まず「さくら茶屋にししば」の活動を全国の人たちに知ってもらうきっかけになると考えたからだ。横浜の片隅で、「コミュニケーション」を諦めずに楽しむ集団がいることを、そして変化していった街の姿を目にしてほしかったのだ。

この街に、何が必要とされているのか。

必要だけど、ない。ならばつくってしまおう。

そんな思いから、「さくら茶屋にししば」は誕生した。

「会員の人じゃないと利用できないんでしょ?」「登録がいるんでしょ?」

そんな言葉を何度聞いただろう。10年前は、「コミュニティカフェ」という言葉さえなじみが薄く、入店をためらう人も多かった。

「失敗なんてない。何でも経験。次に生かせばいい」

この理念のもと、ランチのお客さまの声などを拾いながら、「必要だよね」「面白そうだよね」と次々展開する新事業により、だんだんさくら茶屋に来てくれる人が増えていったのだ。

公的なセーフティネットの網の目から、どうしてもすり抜けてしまう小さな課題を、それぞれの街が抱えている。その生の声が届く範囲にいるからこそできる活動を、さくら茶屋はおこなってきた。

スタッフであっても、お客さまであっても、誰でもが気負わず、気楽に参加できる場所が、「歩いて行ける」距離にあってほしい。「ポストの数ほどのコミュニティカフェ」があれば、人が点ではなく線でつながり、面をつくって、やがてゆるやかでやさしいネットワークが広がっていくことだろう。

「自立とは、誰にも迷惑をかけずに、何でも一人でできることではない。適度に他人に頼れる力があることだ」。

子どもの居場所づくりをしている方の講演会で、こんな言葉を聞いた。

誰もひとりでは生きていけない。

「助けて」と言える誰かがいること、「ちょっと足りないこと、困っていること」を持ち寄れる場があることが、「本当の自立」なのだと学んだ。

『さくら茶屋物語』は、街を元気にするためのヒント集である。

蚤《のみ》の市を巡るようにページをめくっていけば、あなたの街を動かすヒントがきっと見つかると私たちは信じている。

最後に、ヒアリング調査をおこなった上で、「さくら茶屋にしばしばの社会的価値」をご指摘くださった卯月盛夫先生、実際に茶屋に足を運び、肌で感じた「コミュニティカフェの意義」を分析してくださった河上牧子先生、まち普請の審査員でもあった両先生からいただいたエールに、心からの感謝を申し上げたい。

そして編集を快く引き受けてくださった中村泰子さんには、足を向けて寝ることはできない。バラバラの文章をまとめ上げるその手腕は、名指揮者もかくやと思うばかり。

さらにクラウドファンディングをはじめ、ご寄付をしてくださった皆さま。「ありがたい」という言葉では足りないほどのあたたかい後押しと共に、これからの10年への活動を、ここからまた一歩、踏み出したいと思う。

『さくら茶屋物語』から、心を込めて願います。

人とつながることを諦めずに楽しむ「自立した」人が、街が、あちこちに増えていきますように。

2021年1月　『さくら茶屋物語』編集委員一同

クラウドファンディングにご協力いただいた皆さま

今回の出版にあたり、朝日新聞 A-port クラウドファンディングにて制作費を募らせていただきました。

2020 年 10 月 13 日から 2021 年 1 月 12 日の間で取り組み、この間 200 名の方々から 1,385,000 円をご支援いただきました。加えて「さくら茶屋」にご持参いただいた協力金を含めますと、最終的には 256 名の方々から総額 1,946,000 円の金額となります。

心強いお言葉や、応援メッセージも添えていただき、皆さまの熱い、あたたかいお気持ちが私たちに伝わりました。たくさんのご厚意に深く感謝を申し上げます。


ご協力いただきました皆さま方のお名前は、「さくら茶屋広報紙（136 号・2021 年 2 月発行)」及び「さくら茶屋ホームページ」にてご紹介しております。ここでは「2万円」以上のご支援いただいた方々を掲載させていただきました。皆さまからのご協力本当にありがとうございました。

▷団体　明治安田生命（株式会社）様

▷個人

阿部　茂男様	飯田　益美様	石井　邦子様
井田　淑子様	梅木　隆史様	岡本　溢子様
岡本嘉一郎様	小林　輝子様	炭竈　征夫様
炭竈　美枝様	瀬川　常子様	田中　正雄様
多奈部恵笑子様	土屋　興亜様	中西　麻子様
原　和男様	原　徹様	原　夏子様
匿名希望1名様	(五十音順)	

◎ 編著者紹介

ＮＰＯ法人さくら茶屋にししば

「さくら茶屋にししば」は「食」の事業を柱として、高齢者や子育て支援、世代を超えた交流、住民同士が支えあう街づくりを目的として、2010年、横浜市金沢区にある西柴団地に開店したコミュニティカフェです。
日曜・祝日を除き毎日11時から17時まで営業。住民の交流を目的に、子どもや高齢者向けのたくさんのイベントを企画運営しています。80名ほどのスタッフは全員ボランティアで活動しています。

執 筆 者（*は編集委員、肩書きは2021年1月現在のものです）

岡本　溢子　（*さくら茶屋にししば・理事長）
阿部　茂男　（*さくら茶屋にししば・事務局長）
炭竈　美枝　（*さくら茶屋にししば・副理事長・げんきライフ担当）
崎原　美佐緒（*さくら茶屋にししば・さくらカフェ・会計担当）
平林　美玲　（*さくら茶屋にししば・子どもイベント担当）

７章

卯月　盛夫　（早稲田大学社会科学総合学術院教授、建築家・都市デザイナー）
河上　牧子　（元明治大学都市ガバナンス研究所客員研究員）

お問合せ先

〒236 - 0017　横浜市金沢区西柴３丁目17 - 6
ホームページ　http://sakurachaya.moo.jp/
フェイスブック https://www.facebook.com/sakurachaya045/
E-mail　sakuracafe2448@gmail.com

さくら茶屋・各種予約は　TEL/FAX 045 - 516 - 8560
さくらカフェ・子どものイベントは　TEL 045 - 877 - 3866
介護予防・買い物支援などは　TEL 045 - 513 - 5636

コミュニティカフェ
さくら茶屋物語
居場所は街を動かす

2021年2月10日　初版発行

著　者　ＮＰＯ法人さくら茶屋にししば

発　行　有限会社フェミックス
〒225 - 0011
横浜市青葉区あざみ野1 - 21 - 11
スペースナナ内
ＴＥＬ 045 - 482 - 6711
ＦＡＸ 045 - 482 - 6712
jimu@femix.co.jp
http://femix.co.jp

装　丁　菊池　ゆかり

印　刷　シナノ書籍印刷株式会社

ISBN978 - 4 - 910420 - 03 - 5 C0036